喬木書房

喬木書房

孤獨

也是一種生活

孤獨其實是一種平和的生活態度，
是一種回歸自然的簡雅，
是一種讓心靈尋求寧靜的方式。

李素文 著

從今天起，我們不再驅逐孤獨、逃避孤獨，
而是要享受孤獨為我們帶來的平靜與祥和。

讓我們一起大聲喊：一個人萬歲！

目錄

序言

你孤獨嗎？

面對這個問題，恐怕有很多人都會默默點頭。

你害怕孤獨嗎？

面對這個問題，更多人會點頭稱是。

孤獨對於我們來說並不陌生。在一座座由鋼筋水泥鑄造的城市中，儘管處處燈紅酒綠、處處喧囂熱鬧，但卻掩飾不了很多人內心的孤獨。

每當人群散場後，你的心中是否依然平淡、恬靜？

每當繁華退卻後，你的心中是否依然喜悅、快樂？

每當空無一人時，你的心中是否依然充實、豐盈？
每當與孤獨遭遇時，你的心中是否曾升起恐懼、想要逃避？
為什麼很多人都害怕孤獨、拚命的想要逃離孤獨呢？
這其中最重要的一個原因，就是人是社會群居性的動物，只有與他人合作，才會有品質地生存下去。
早在人類生活在穴居時代時，就必須進行有著嚴格分工的圍獵行動、建築活動等，才能獲得食物、防禦天敵與自然災害、繁衍後代。
而到了科學技術飛速發展的今天，人們同樣要講求團隊合作，才能更快、更好的實現目標。
在這種大環境下，假使一個人孤零零的自處，心懷喜悅而無人分享、心存痛苦而無人訴說、身遭不幸而無人相助，那便可稱做是孤獨了。
很多人都懼怕這樣的狀態，認為它是痛苦的、壓抑的、淒涼的。而事實卻並非如此。
孤獨是客觀、普遍存在的，像我們身體的一個組成部分，沒有什麼值得恐懼的。每個人都是孤獨的。從我們出生的那天開始，就已經成為一個獨立的個體。
當逐漸長大成人後，我們的心靈在不斷地完善、成熟，逐步的脫離他人的思想而開始獨自思考，構建僅屬於自我的世界。

在人的一生中，總要有一段路是需要靠自己前行的。

在這段獨行的路上，心中的酸楚要自己承擔、消化，再轉變為積極的因素，最終靠它取得成功。這時的孤獨是磨練自己、打造自己、成就自己的時機。

當成功後，也許你會感到高處不勝寒，舊有的一切都在潛移默化地改變著。這時的孤獨是沉澱自己、完善自己、超越自己的時機。

真正的孤獨是自己可以控制的，可以在呼朋引伴之後回歸寂靜的狀態，可以在與人高談闊論之後獨自思考，可以在人生低谷時依然用心尋找美好的事物。

孤獨並不可怕，更無需躲避。當你用積極、樂觀、堅定、勇敢的心態去面對時，會發現孤獨真是一件再過癮不過的事情！

這不是一本教你如何克服孤獨的書，而是一本帶你享受孤獨的讀本。本書從六個方面帶你重新解讀孤獨：也許你將孤獨當做一場噩夢，或談之色變，或痛苦嘆息，或強做快樂，那麼你便需要矯正對孤獨的錯誤看法，瞭解它真正的含義，發現孤獨原來是這麼美麗的。

也許你害怕孤獨，害怕那種讓人窒息的冰冷、孤寂，所以選擇一些錯誤的方法，自以為能夠掩蓋這些感覺，但事實卻是，情況往往變得更糟。這時你需要舒緩情緒、打開心扉、直接面對內心的真實感受，直到你可以坦然迎接那份屬於你的孤獨。

每個人都喜歡收到禮物，那麼有沒有想過為自己送上一份關於孤獨的大禮呢？孤獨是一種難得的體驗，也是一段奇妙的歷程，當你打開禮物盒子時，嘴角定會露出會心的微笑。嘿，一個人萬歲。

愛情是甜蜜的，但變了質的愛情卻猶如雞肋，食之無味，棄之可惜。為什麼還不放棄呢？因為害怕分手後的孤獨？一份沒有意義的愛情，即使對方坐在身邊也會有空無一人的感覺。與其如此，不如拋開兩個人的孤獨，一個人獨自精彩。從現在開始，對所有一切雞肋愛情Say No。

你之所以覺得孤獨是痛苦的，那是因為你還沒有解脫自己，把自己封閉起來，關在暗無天日的屋子裡。學著放開手吧，重新審視自己的價值。只有在孤獨中解脫了，才能在孤獨中得到幸福。

要享受孤獨，感恩是必不可少的。也許乍看起來二者並無關聯，但你要知道，感恩可以驅散孤獨中的黑暗，使它不被烏雲籠罩，每一寸土地上都充滿了陽光。學著修一顆感恩的心吧，讓它幫助我們遠離壓抑、痛苦與不安，盡情地享受孤獨的美好！

親愛的朋友們，我願與你們一起，沉醉在孤獨這道美麗的風景中，讓心靈回歸最初的恬靜、自由，盡情享受生活賜予的一切！

第一章 孤獨是場噩夢嗎

——正確認識孤獨

在一座座由鋼筋水泥鑄造的城市中，感到孤獨的人越來越多，無論是尚未步出校門的年輕學子，還是已在社會上歷經摸爬滾打多年的奮鬥者，無論是正在努力從基層職位上往上爬的工作人員，還是已經功成名就的老闆級人物，他們當中有很多人都曾遭遇著一場不知何時襲來的孤獨風暴，被前所未有的焦慮、空虛、寂寞、憂鬱、消極、迷茫、無助、冰冷等負面感覺煎熬著！

在這些人中，有的人談孤獨色變，有的人終日呻吟嘆息，有的人強做快樂狀；孤獨彷彿一場噩夢般吞噬著人們的心靈。

然而，孤獨真的像洪水猛獸一般可怕嗎？其實不然！孤獨給了我們更多的思考時間，更多感悟自己內心世界的機會，更多發現美好、品味平凡的閒情逸致，更多靈感、創意的誕生；孤獨不但是必不可少的人生情懷，更是生命的凝練，是靈魂的昇華。

當我們正確認識孤獨、真正瞭解它所賦予我們的意義時，便會驀然發現，孤獨原來可以這樣美麗。

1 孤獨已成為一種都市病，人人都需面對

「我好孤獨，尤其是深夜到來時，那份孤獨的感覺更加讓人窒息！」「即使我走在喧鬧的人群中，也會感到自己是獨自一人，與周圍的人都毫不相干，他們的歡樂不屬於我，我的痛苦也不屬於任何人。」「我終日埋頭於工作，閒暇時便與朋友們出入娛樂場所，喝酒聊天，本以為孤獨早被趕走，可是在晚上回到家關上門的那一剎那，我才知道，孤獨早已深入骨髓，與我如影隨形。」

這是很多人對孤獨的真實感受，他們無一例外地害怕孤獨，卻又被它纏上身，用什麼辦法都揮之不去。孤獨已經成為了一種都市病，煎熬著越來越多的人。

當人們感到孤獨時，往往拚命地逃離，想方設法地為自己找節目，但最後的結果往往是身處喧囂中，內心卻更加冰冷，而且每隔一段時間，孤獨就會像頑疾一樣舊病復發。

從某種意義上來說，我們的一生都要不斷地面對孤獨，因此，能不能正確地認識孤獨，直接決定了我們會擁有何種生活。

那麼究竟什麼是孤獨呢？

孤獨是一種情緒、一種感受，具體來說，有三種原因會導致我們感到孤獨。第一種原因是沒有信念。有的人對自己的人生沒有任何目標和規劃，也沒有任何信仰，總覺得生命沒有意義，不知道自己該做些什麼或者能做些什麼，整日處在茫然中。

第二種原因是缺乏社會感。在這個繁雜的社會中，我們可能會時而感到陌生，望著周圍的車水馬龍、人來人往，好像自己是個多餘的人，並不屬於任何一個群體，只能焦慮、空虛地看著大家，怎麼也沒有辦法融入其中。

第三種原因是來自情感。當我們不能與其他人在心理上建立親密的聯繫時，就會產生孤獨、淒涼的感覺。

無論是哪種原因導致的孤獨，它所帶來的傷害程度都是相同的。我們之所以經常感到孤獨，是由於以下幾個方面造成的：

一是繁忙的工作和快速的生活節奏。

隨著社會的不斷發展，人與人之間的競爭越來越激烈。為了在競爭中獲得勝利，我們對自己的要求也越來越高了，不僅要在工作場上打拚出一番成績，更要兼顧家庭，除此之外還要不斷地充電學習。

忙碌的工作、快速的生活節奏使人缺少時間和精力與人溝通，人際關係也變得相對簡單。

二是都市化的生活。

當人類還處在穴居時代時，都是群居在一起的，一起狩獵，一起耕種。然而隨著人類的進步，其從洞穴中搬到鄉村，再從鄉村進入都市，並進一步完善了都市的群居生活。這本來是社會進步的象徵，但一座座森然屹立的鋼筋水泥大廈，卻成了阻隔人與人接觸的屏障，使人們變得退縮、多疑、孤僻。

處在人群中就感到不自在，不知道怎麼與陌生人打交道，害怕不熟悉的人會傷害自己，戒備心理極強。於是，乾脆有意識地躲開人群，只存在於自己的小世界中。

三是情感受到傷害。

我們的情緒時常變化萬千，會因為外界的干擾而波瀾起伏，當情感遭遇挫折、受到傷害後，很容易使我們像蝸牛一樣縮入殼中，再也不敢伸出觸角。

情感上的傷害比肉體上的傷害更加痛苦，令人難以承受。所謂一朝被蛇咬，十年怕草繩。為了避免慘遭同樣的痛苦，我們就再也不願意與別人建立過深的友誼，以免日後受到傷害。

四是媒介的多元化發展。

在原始社會，人類透過與他人的交流來得到外部世界的更多資訊。而隨著社會的不斷進步，人們感知世界的手段也隨之多了起來，書籍、電視、電話、報刊、雜誌、網路等，這使人們足不出戶就可以知曉天下事。

媒介的多元化發展對於我們來說既是幸運又是不幸，幸運的是可以更多、更快捷地瞭解世界，不幸的是人與人之間變得越來越疏離。

五是個人所處的特殊地位。

《鄒忌諷齊王納諫》是眾所熟知的故事。鄒忌的妻子、小妾與到訪的客人都說他比城北的徐公更英俊，可是當鄒忌見到徐公本人時，發現自己的相貌遠不如他。

為什麼所有的人都要騙他呢？鄒忌思索了良久終於發現個中緣由：妻子說他英俊是因為愛他；小妾說他英俊是因為敬畏他；訪客說他英俊是因為有求於他。

正是這些各式各樣的原因導致鄒忌被孤立於真話之外。鄒忌將這個道理講給齊威王聽，指出為什麼沒有人敢進諫，那是因為宮中的妃嬪和侍衛都對齊威王又愛又畏，而朝中的大臣也懼怕他，全國上下的人都是他的子民，要得到他的庇佑才能有好的生活。大家因為各種原因不對齊威王進諫，將他孤立於民意之外。

雖然這則故事更像一個管理寓言，但也道出了你為什麼會孤獨。

當你處在某一種特殊的地位時，身邊的人會因為一些原因遠離你或是不對你說真話，比如，假使你是一個老闆或公司高層，處在相對強勢的位置，那麼你身邊的人不是懾於你的權威與你保持一定距離，就是想巴結討好你，故意說些拍馬屁之詞，以致讓你體會到高處不勝寒的孤獨。

比如你的教育背景不好，和別人的共同語言很少，那麼別人就不太願意跟你說話，這也會讓你產生孤獨的感覺。

六是不同的個人心理因素。

有些人比較自卑，覺得自己處處低人一等，因此不願意與人交往；也可能剛好相反，他比較自大，孤芳自賞，總認為自己比別人都高一等，看不起別人，不願意與他人交往，覺得那樣會降低了自己的身份。

以上這些原因都會導致孤獨常常圍繞在我們身邊，好像怎麼也無法擺脫一樣。然而，孤獨雖然難以根除，但完全不必因此感到恐懼，就算擺脫不了孤獨，你也可以快樂地生活，因為孤獨並不如你想像中那樣可怕。

我們的生命猶如一曲華美的樂章，激情澎湃，跌宕起伏，但不可能通篇皆是如此，那也就難免會讓人感到疲憊乏力。

孤獨就猶如樂曲中平靜的章節，單聽上去似有些平淡無奇，但配合在整首樂章中卻恰到好處，使整首樂曲有鬆有弛，既有高山的巍峨，也有小溪的清麗。

假使我們不能正確地認識孤獨，常以陰暗消極的心態面對它，就會感到無窮的痛苦；如果我們以積極、美好的心態面對它時，它就會綻放出瑰麗的色彩，千百倍地帶給我們幸福、快樂！

我所認識的孤獨：

☆孤獨是找尋自我的良機。

人是需要與外界聯繫、與他人溝通的，但假使我們終日處在密集的人群中，不停地訴說與傾聽，頭腦就難以真正的冷靜下來，心也會變得浮躁，不知不覺就會失去了自我，變得茫然，看不清方向。

唯有孤獨，可以將我們與外界暫時隔離開，去除一切紛擾和嘈雜，讓心歸於沉靜，對自己的過去做個審視、反省，對現在做出分析，對未來做出規劃。

☆孤獨時可以獲取更多的力量。

我們在孤獨時，便減少了很多來自外界的干擾，可以靜靜地待在家裡，讀讀書，整理整理思路，學些琴棋書畫，陶冶一下情操。

這實際上是在為自己充電，積蓄更多的知識和能量，使自己不斷地進步。這種孤獨非但不會痛苦，反而能收穫很多東西，讓自己更有精神，更有自信，更有力量。

☆孤獨是一種大自由。

身處人群中，難免礙手礙腳，諸多顧忌，有些想法和舉動不能都實現。孤獨時便可放下一切包袱，沒什麼人可以阻礙你，你更可以放飛思緒，做自己喜歡做的事，這種大自由是萬金難求的。

☆孤獨是一種訊號。

當我們感到孤獨時，很可能是欲求不得，由於對生活不滿意或某種意願無法實現，便會感到孤獨。

這是孤獨在向我們發出的訊號，快來問一問內心，是否有了新的想法，是否有個大膽的創意，是否對生活有了新的目標。

2 請為自己填好這份有關孤獨的問卷

為了正確地認識孤獨，讓它發揮積極的作用，我們先要深入內心世界，看看自己究竟有多孤獨。

下面這份問卷將幫助你認清你的孤獨程度，請仔細閱讀並誠實的給出答案（單項選擇）。

孤獨程度自我檢測問卷

1 你經常會有孤獨的感覺湧上心頭嗎？

從來沒有過（0分），

很少有（1分），

有時會有（2分）

常常都會有（3分），

差不多每時每刻都會感到孤獨（4分）

2 你是否有一個以上（含一個）真正的知心好友？

從來沒有過（4分），

很少有（3分），

有時會有（2分）

常常都會有（1分），

差不多每時每刻都會感到孤獨（0分）

3 你是否不喜歡與他人交往，覺得有障礙呢？

我很喜歡與人交往，完全沒有障礙（0分）

也許和別人會無法溝通，但絕大部分都沒有問題（1分）

有時會有和別人難以溝通的情況發生（2分）

我很少主動與他人交往，不知道該說些什麼（3分）

我基本等同於自閉，完全不懂交際（4分）

4 你是個不受歡迎的人嗎？別人是否總用冷漠的態度對你？

我有人見人愛、花見花開的好人緣（0分）

很少有不喜歡我的人（1分）

有時會有不喜歡我的人（2分）

常常都會有人對我冷嘲熱諷（3分）

真失敗，大家好像都不喜歡我，看到我就躲開（4分）

5 當你獨自一個人的時候，能夠自得其樂嗎？

一個人也很快樂啊，我可以安排很多有益的事情做（0分）

基本上我都能在獨處的時候保持平靜樂觀的心態（1分）

有時會有孤獨的感覺，但還好，不算太糟（2分）

不太喜歡一個人待著，覺得太冷清、太孤單（3分）

我完全無法忍受一個人獨處，哪怕只有片刻我也會感到窒息（4分）

6 你覺得自己是一個很容易讓別人產生好感的人嗎？

當然了，我很討人喜歡的（0分）

我認為大部分人對我的感覺都不錯（1分）

還可以吧，在我遇到的人裡面應該有一半都對我有好感（2分）
只是幾個很要好的朋友才對我有好感（3分）
沒有什麼人對我有好感（4分）

7 你有一個以上（含一個）可以讓你有安全感並極為信賴的朋友嗎？

我的朋友們都讓我感到安全，並值得信賴（0分）
大部分朋友都值得信賴（1分）
這樣的朋友大概有一些，但我也不確定能不能相信他們（2分）
有少得可憐的幾個朋友吧，但關鍵時刻我還是只相信自己（3分）
一個都沒有（4分）

8 你是否認為別人都比自己好、比自己聰明、比自己有魅力呢？

是啊，我覺得誰都比我強，我是最差、最沒用的人（4分）
我很少有覺得自己好的時候（3分）
我不太自信，經常會覺得其他人都比我好（2分）
可能有一些人比我強吧，但大部分時候我認為自己還是不錯的（1分）
我堅信自己才是最好的（0分）

9 **你是否相信自己是天煞孤星，註定了一生孤獨？**

不相信，因為我並不感到孤獨（0分）

不知道，至少我現在很少有孤獨的時候（1分）

也許是吧，我有時會覺得命中註定孤獨（2分）

大部分時候我都相信這個說法（3分）

我就是天煞孤星，命中註定如此（4分）

10 **假使你有很多的事要做，卻沒有人幫你，必須由你獨自完成，你是否會感到很不幸？**

不會啊，一個人我也能做好（0分）

不幸的感覺只是一閃念，我還是相信自己也可以做好（1分）

有時候會覺得不幸，想要有人來幫我，如果必須自己完成也只好如此（2分）

我經常覺得不幸（3分）

是的，這絕對是一件不幸的事（4分）

測驗結果：

請將10道題每一個選擇後面的分數相加，最高分數為40分，最低分數為0分。

你的分數越接近40分，就表示你越孤獨，如果達到了40分，則表明你總是陷在強烈的孤獨感中，並因此而感到痛苦。

反之，你的分數越接近0分，就表示你的孤獨感越小，只是偶爾才會感到孤獨，甚至是完全沒有孤獨感。

填完自測問卷之後：

☆坦然承認自己是孤獨的。

要想讓孤獨發揮正面的、積極的作用，你首先要承認它的存在。假使你的檢測問卷得了接近甚至等於40分的分數，一定不要恐慌或是逃避。敢於面對才是解決一切問題的基礎。

☆不要用消極的方法逃避孤獨。

酗酒買醉、夜不歸宿、加班工作、埋頭睡覺等，都屬於消極的逃避孤獨的方法。這種方法可能在短時間之內可以起到一定的作用，讓你忘掉孤獨，可是一旦你清醒過來，孤獨的感覺便會排山倒海般襲來，令你加倍痛苦。

☆以輕鬆的心態面對孤獨。

要相信自己並不是世界上唯一孤獨的人，很多人都和你一樣，並沒有什麼可怕。不要將它視為洪水猛獸，而應該以輕鬆的心態面對，這為你享受孤獨奠定了良好的基礎。

3 孤獨的三個階段與人生三象

德國著名的心理治療專家多麗斯・沃爾夫在其著作《克服孤獨》中，將孤獨分為三個階段。

第一個階段是暫時的、短暫的孤獨。

在這個階段，孤獨的感覺持續時間很短，是外界環境的變化造成的。比如剛剛換了一個工作環境、到了一個新的城市、失業在家，或是生病休息、失戀、離婚等。

這種暫時的孤獨感可以透過與朋友的溝通而克服，且它並不是有害的，而是預示了生活中必須面對的、終將會出現的一種變化，從而促使我們採取行動，改變這一現象。

第二個階段是緩慢的退卻。

當孤獨開始在你的身體內發揮作用時，你對自己的信任及對他人的信任就逐漸消失了。你慢慢的不再微笑，不再與他人熱情地握手、擁抱，慢慢的改變了交談和與他人溝通的方式。最後就變成了不再有吸引力的人，別人便會因此而離你遠去。

第三個階段是長期的孤獨。

這是一種曠日持久的孤獨，你開始不再與他人保持聯繫，不再建立新的人際關係，也不再因為別人而保持自己的吸引力，更不再給予別人什麼了。

而其他人由於感受不到你的魅力，反而覺得你帶來了太多的麻煩，因此想盡方法避開你。這使得你陷入一種惡性循環中，越是不付出就越是得不到別人的肯定，加重你對自己的否定，使你下意識地遠離人群。

這樣最終導致了你完全自我封閉，把其他人趕走，只活在自己的小世界中。這個階段的人會變得冷漠麻木，喪失感知能力，甚至結束自己的生命。

沃爾夫對孤獨三個階段的闡述是向負面層層深入的，每個階段的孤獨都更加強烈，更加令人痛苦，甚至可以導致人瘋狂或死亡。所以他提出要克服孤獨，趕走孤獨。

沃爾夫提出的孤獨的三個階段，使我想起哲學家尼采的人生三象。

尼采將人的精神境界也分成三個階段，並用三種生物來進行比喻，即駱駝、獅子、嬰兒。

駱駝是人生的第一個階段，是對人生苦痛的思考。尼采認為，人生必須經歷一個吃苦的過程，就像駱駝一樣，每天背負著沉重的行囊，在氣候乾燥、環境惡劣的沙漠中徒步行走。

在這個階段中，你要不斷地吃苦，學習和積累更多的知識和經驗，這是為人生的後兩個階段所準備的。

這個階段是孤獨的，需要你獨自面對，獨自承受學習的痛苦和煎熬，像駱駝一樣，任勞任怨，不喊苦、不怕累，為日後的成功奠定基礎。

然而，人生中光有駱駝般的堅忍是遠遠不夠的，當你身處社會之中時，大部分時間都要與他人競爭，以奪得屬於自己的一切。在競爭中，你就要獅子般的矯健和機敏。

獅子是人生的第二個階段，意為敢打敢拚，永遠充滿活力和鬥志，像森林中的王者一樣無所畏懼。

在與他人競爭的過程中，雖然你可能會得到一些人的幫助與鼓勵，但大部分時間仍然要你自己去面對困難，獨自解決問題，所以你仍舊是孤獨的。

當你經過了駱駝和獅子這兩個階段後，就要到達第三個階段，即嬰兒階段。

當人剛剛出生還是一個小嬰兒時，本性是純淨、天真的，對人毫無心機，坦誠相見。

這是一種心靈上的單純，也是孤獨過後的昇華。

其實我們剛剛出生時都是嬰兒，隨著不斷地長大，學到的知識多了，看到的多了，聽到的多了，心機也深了，心靈就漸漸地繁雜了，總不如嬰兒時期的純淨。

但是，當我們經歷過種種以後，最終都要走到一個返璞歸真的階段，要重新回到嬰兒的時代。嬰兒階段的單純是繁華過後的沉靜，是絢麗褪去後的晶瑩剔透。這其實也是一種孤獨，但並不是讓人痛苦、憂鬱的孤獨，而是美好的，令人快樂、愉悅的孤獨。

當我們把沃爾夫提出的孤獨三個階段與尼采的人生三象放在一起比較，便會發現雖然都與孤獨有關，但本質上卻有很大的差別。

沃爾夫的孤獨像一條通往地獄的深淵，每一個階段都離地獄更近一步。所以在他看來，孤獨是必須要克服的。

而尼采的孤獨卻是一條通往天堂的陽光大道，雖然每一個階段都包含著孤獨，但卻是在一步步昇華、凝練，最終回歸簡單、純粹。所以這種孤獨是美好的，非但無需克服，反而是人人都應該追求的。

為什麼沃爾夫與尼采所認識的孤獨竟然會有這麼大的差別呢？如果仔細分析便不難發現，沃爾夫在劃分孤獨的三個階段時，是以人類心理陰暗、消極的一面為基礎，也就是說，當你感到孤獨時，若以悲觀、自暴自棄的態度面對，那麼孤獨便會成為一杯烈性毒藥，穿腸蝕骨。

而尼采的人生三象卻是以堅忍的、積極的態度去面對孤獨，所以它非但不能令我們痛苦，反而成為了人生的至高境界。

由此可見，孤獨本身並不可怕，重要的是我們用何種心態去面對。愚蠢的人只會沿著越演越烈的三個階段沉淪下去，而聰明的人會不斷地超越自己、凝練自己，最終擁有人生的大智慧！

讓孤獨昇華為嬰兒般的單純

☆用嬰兒般純淨的心面對世界。

孩子的心靈是簡單而純粹的，在他們心中沒有貧富之別，沒有貴賤之分，會不問緣由地喜歡一個人，全心全意相待，而不會考慮這個人對他是否有利。當他們做事情時，不會分輕重緩急，更不會分哪件事會給自己帶來最大的利益，儘管有些不成熟，但卻擁有一份成年人學不來的認真。

這正如著名教育家陶行知先生所說的那樣：「孩子如給你一塊糖吃，是有汽車大王捐助十萬元的慷慨；他失手打碎了一個泥娃娃，是有如一個母親死了獨生子那麼悲哀；他受了你盛怒下的鞭打，連在夢裡也會有被法西斯追打的恐怖；他寫字沒有得到雙圈，彷彿是候選總統落選一樣的失意。」

請學會像孩子一樣用單純的心靈待人接物，不要有過多的算計，更不要把事情弄得複雜。當心靈變得單純時，便會發現身邊美好的事物多了許多，你也會被幸福的感覺所包圍。

☆磨平心中的那根針。

像嬰兒般單純並不代表傻，更不代表膚淺、無知，相反，單純是成熟之後的返璞歸真，是洞透世情之後的海納百川。你可以擁有一雙將一切看得透徹的火眼金睛，但絕不要斤斤計較，更不要與他人針鋒相對。

只有磨平你心中的那根針，才能圓融地待人接物，既不會受到傷害，又不會給人一種尖酸刻薄的感覺。

若是發現某個人對你心存不軌，不要拆穿他，更不要不留半分餘地，得理不饒人。

☆用簡單的方法做事。

在所有武俠片中，大凡武功絕學其實都是非常簡單的，往往一招就能制勝。這正是簡單的力量，沒有複雜的牽絆，減少不必要的枝節，只用最簡單、最直接的方法，就可以將一切掌握在股掌之中。

做事也應如此，越是把簡單的事情複雜化，越會給自己帶來很多麻煩。

4 不能發揮自己的長處，才會備感孤獨

不知道你有沒有這樣的感受：

做什麼事都不順手，感覺人生沒有方向；空有一腔抱負卻總是懷才不遇，難以一展長才；總覺得別人都不理解自己，備感孤獨。

如果你有這些感受，說明你很可能沒有正確地認識自己，所以才會覺得孤獨，茫然無措。

在一個寓言故事中記錄了一隻孤獨的老鼠的故事。有一隻老鼠覺得自己很沒用，既不討人喜歡又什麼也不會做，牠看不到自己的任何優點，終日待在老鼠洞裡，任憑孤寂侵襲。

有一天，老鼠偷偷地從洞中探出頭來，看到太陽發出耀眼的光芒，牠很羨慕地對太陽

說：「你真偉大啊，把整個大地照得這麼明亮！」太陽說：「不，我不偉大，烏雲一來就會把我遮住，你就看不見我了。」過了一會兒，一朵烏雲飄了過來，果然把陽光都遮住了。老鼠看到了又說：「烏雲你真了不起，連太陽都能遮住！」烏雲笑笑說：「我哪有什麼了不起呢？一會兒風來了就會把我吹散的。」烏雲正說著，刮起了一陣大風，一下子就把烏雲吹散了。

老鼠看了又羨慕地說：「風你真能幹，輕輕一吹就把烏雲吹散了。」風說：「我哪算能幹的，遇到牆就把我擋住了。」於是老鼠又對牆說：「你真有本事，可以阻擋住風的去路。」

而牆說：「你和你的兄弟們才算有本事呢，只需幾分鐘就可以把我鑽出一個大洞。」正說著，從牆腳鑽出了一隻老鼠。

看到此情此景，那隻總是感到自己一無是處、孤獨無比的老鼠猛然一震，是啊，每個人都有自己的長處，我之所以總感到孤獨，是沒有正確地認識自己。

我們有時就像這隻老鼠一樣，總覺得被隔離在人群之外，不被人瞭解，也無法發揮自己的作用。這是因為我們沒有正確認識自己的價值，才會與周圍的環境、人群格格不入。

這個故事讓我想起另一個和老鼠有關的故事，那是一部迪士尼的卡通片《料理鼠王》，故事的主角是一隻叫雷米的老鼠，牠從小就與眾不同，因為牠熱愛美食。雷米對美食的熱愛不等同於人們傳統觀念中的老鼠偷吃食物，而是熱愛烹飪，在烹飪中創新，全心地投入到烹飪中，對食物的搭配也很有講究。

對於老鼠家族中的其他成員來說，吃東西無非是填飽肚子，只要一見到食物就會狼吞虎嚥地吞下去。而雷米則認為不應該這樣享用食物，而應該慢慢的品嚐，將不同的東西搭配著吃，細細感受美妙的滋味爬上舌尖。

不僅如此，雷米還特別反對偷竊，看著家族成員每天東偷西盜，牠很不高興，就告訴牠們不要這樣。雷米的舉動讓其他老鼠都感到不可思議，覺得牠是一個怪物，一點也不理解牠。

雷米沒有一個知心朋友，也得不到來自家人的支持，覺得孤獨極了，整天都很失落。因為一次意外，雷米和家人失散，牠誤打誤撞地闖入一家高級餐廳。當牠躲在餐廳的廚房中看著大師傅們忙而有序的工作時，像是發現了天堂一般，再也不願意離去。

當然，人類的廚房是不可以讓老鼠出現的，當人們發現雷米時，便追捕牠，想要置牠於死地。所幸，雷米碰到了一個善良掃垃圾的男孩。男孩把雷米救了下來，偷偷地帶回了家。

從那以後，雷米就躲在男孩的帽子裡教他掌杓，男孩也因此做出了令客人們稱讚的美食，並受到大家的喜愛。

在人類的廚房工作的這段日子，雷米發現找到了真正屬於自己的地方，牠認識到自己的長處就是烹飪，以前之所以感到孤獨是因為沒有發揮自己的優勢，沒有做自己喜歡的事情。

這兩則關於老鼠的故事雖然是寓言、童話，但卻很值得人玩味。有時候我們會感到茫然無助，不知道該做些什麼，也不知道能做些什麼，孤獨感也就油然而生了。

每當此時，我們應該認真地審視自己，看看對自己現在的定位是否準確，是否真正認識到了自己的優勢與劣勢，所從事的工作是否適合自己。只有這樣，你才不會在孤獨中浪費人生的大好光陰。

如何正確認識自己

☆分清興之所至與真實的想法。

有時我們會有一些突如其來的想法，想要做這個或是打算做那個。這並不是真實的自己，只是興之所至。如果你不能分清這些想法，很容易做出一些與心靈意願相反的事。

每當你心中突然冒出一個念頭時，一定要格外注意，千萬不要讓一時的心血來潮蒙蔽了你的真實想法。

☆時常給自己留一些孤獨的機會。

不要怕孤獨與寂寞，經常給自己留出一點空間，或聽聽音樂，或翻一本喜愛的書，或什麼也不做就靜靜地發呆，任思緒肆意馳騁，這時可以很容易的聽到自己的心聲。

☆從鋼筋水泥中回歸大自然。

不要總在城市中一成不變的生活，經常去大自然中走走，關掉手機，獲得片刻的寧靜，你可以在大自然中放鬆精神，讓思緒漫無目的的飄飛，逐漸與心底的聲音重合，讓真實的自己浮出水面。

☆「舊」的你並不一定是真的你。

每個人都有一些固有的習慣和舊的生活模式，那些雖然已經被你熟悉，但卻並不一定是真的你。

你很可能被舊的習慣所限制，麻木、重複地過著每一天。建議你每隔一段時間就有意識地反思一下自己的生活，是否真的是自己想要的，還是出於習慣才日復一日、年復一年地如此生活。

如果你在反思中找到了真正的自己，便可以給自己立下一個更堅定的目標，超越現有的生活。有了明確的方向後，你便可以有意識地調整舊有的生活方式和習慣，向著全新的世界邁進！

5 孤獨是人生大境界

孤獨是人生至高無上的境界！

為什麼這樣說呢？在孤獨中，我們可以收穫許多平常時候所無法收穫的東西，它帶給我們寧靜，將我們從喧鬧的人群中拉入幽靜的山谷，讓思想在這裡得到淨化與昇華。

假使我們能夠不畏懼孤獨，以摯誠的心面對它，便可以使情緒變得舒緩，讓雙眼變得明亮，清楚地看到人世間的浮躁。這時，我們的大腦就能夠擺脫負重，進行清醒的思索，從而使精神得到昇華。

談到孤獨的大境界則不能不提到一位著名的學者：魯迅。

在魯迅生活的年代，他是孤獨的。作為一個總是以戰士的姿態出現在公眾面前的作家，魯迅總是與大多數人保持著不可拉近的距離。

魯迅的孤獨來自舊中國的黑暗年代。少年時的他遭到了家變，祖父被抓入獄，父親得了重病，魯迅只得無奈地寄居在舅舅家，每天要看別人的臉色生活。

少年時期的苦難讓魯迅早早地就品味到了孤獨的滋味，使他形成了一種總是充滿了苦痛與黑暗的人生觀，經常用憎惡、陰暗的眼睛看待這個社會。

青年時期的魯迅遠渡日本求學，本想做一名懸壺濟世的良醫，救人扼困。然而在日本學習的那段時間，他感到了民族被歧視而中國民眾又渾渾噩噩、不知進取的痛苦，所以他毅然棄醫從文，要醫治國民的靈魂。

這條路並不好走，魯迅第一次發表作品就失敗了，再加上看到了政府的碌碌無為、社會的晦澀陰暗和民眾的愚昧無知，他深深地陷入了巨大的孤獨、無望與憤怒之中。

如果換了另一個人，比如是正在讀此書的你，帶著這種孤獨的感覺，又會怎麼樣呢？也許有些人會放棄，選擇隨波逐流；也許有些人會像陶淵明一樣隱居世外，不問世事。

然而魯迅卻沒有被孤獨打倒，也沒有變得消極和懦弱，而是衝破了層層阻礙，以極大的勇氣與熱情去迎接生活。他這樣寫道：「過去的生命已經死亡。我對於這死亡有大歡喜，因為我藉此知道它曾經存活。死亡的生命已經腐朽。我對於這腐朽有大歡喜，因為我藉此知道它還非空虛。」

這是一段包含著對自我深刻思考的話語，也表示魯迅在孤獨中使精神上升到了更高的境界，最終完成了一位文學巨匠和思想家的自我塑造。這也使得時至今日，他依然對人們有著強大的吸引力。

當我們回頭看魯迅的一生時不難發現，儘管他長期都處在孤獨中，但卻並沒有因此而消沉、頹廢，更沒有孤芳自賞、不可一世。相反，他的思想與很多人都融為了一體，並形成一股力量，似一朵祥雲般，將他領入更加開闊的世界。

如果你此刻也是孤獨的，不要害怕，你並不會因此而被排斥、被遺忘，相反，這正是你反思自我、豐滿羽翼的時刻。它彷彿攀登高峰途中遇到的休息站，儘管四下無人，卻可以使你好好地休息一番，待到精力充沛之時便可攀上峰頂，將群山盡收眼底。

每次提到魯迅時，我便會不自由主地想起另一位文學大師——巴爾扎克。儘管兩個人所在的國度不同，一生的經歷不同，但除了都是文壇上的巨人外，他們還有一個相似之處，那就是孤獨。

巴爾扎克也是孤獨的，從小的時候起，他便很少能享受到家庭的溫暖，只是埋首於書籍中，與文字相伴。大學畢業後，在父親的安排下，他在一家律師事務所工作。

這本是一個很有前途的職業，但在當時的社會環境下，法律並沒有發揮出應有的意義。巴爾扎克在律師事務所目睹了很多黑暗、虛偽的事情，於是他毅然地辭去了工作，希望以文為生，找到屬於自己的生活。

巴爾扎克所走的這條路並不是一片坦途。剛開始時他寫的作品不斷地被退回，父親又拒絕向他提供生活費，所以他負債累累，陷入了困境，三餐都難以為繼，有時只能吃一點麵包。

這樣孤苦無依的生活並沒有打倒巴爾扎克，他依然樂觀。如果沒有什麼東西可以吃，他便用手指在桌子上畫上很多盤子，上面寫著「火腿」、「香腸」、「乳酪」、「蛋糕」等，然後在自己的想像中品嚐著豐盛的「大餐」。

為了生存，巴爾扎克從事過很多行業，比如商業、印刷業等，但都沒有做出什麼成績。

在這段艱苦的日子中，巴爾扎克花了七百法郎買來了一根很大的手杖，上面還鑲著瑪瑙。他在手杖上面刻了一行字：「我將粉碎一切障礙！」

這句豪言壯語支撐著巴爾扎克，使他在孤獨中獲得了方向與戰勝困難的力量。

凡事有弊就有利，儘管巴爾扎克的經歷比較坎坷，但對於寫作來說卻是不可多得的素材。在這期間，他一方面體會著世間的喜怒哀樂，一方面不斷地學習哲學、經濟學和歷史等，累積了很多知識。

當巴爾扎克取材於現實生活的長篇小說《舒昂黨人》問世時，一下子引起了轟動，為他帶來了極大的榮譽，也使他成為法國批判現實主義文學的第一塊基石。此後，他陸續寫了《歐也妮‧葛朗台》、《高老頭》等幾十部小說，每一部都帶給人們極大的震撼。

當巴爾扎克逝世後，他的好友也是一位文學大師雨果，站在巴黎的細雨中，面對前來哀悼的人們這樣評價巴爾扎克：「在最偉大的人物中間，巴爾扎克是名列前茅者；在最優秀的人物中間，巴爾扎克是佼佼者！」

巴爾扎克與魯迅，這兩個完全不同的人，卻都經歷著相同的孤獨，這大抵只能說明：每個人都有面對孤獨的時候，在自己的人生中，都有那麼一段路四下無人，需要獨自前行。

在獨行時，所有的苦難都要自己承受，所有的感受都要自己體會。從這個意義上來說，孤獨就像是一個有上下兩個開口的玻璃瓶，一個瓶口通往天堂，一個瓶口接往地獄。

當我們處在這個充滿了孤獨的玻璃瓶中時，如果不能找到出口，就會像無頭蒼蠅一樣亂衝亂撞，被透明的玻璃壁撞得鼻青臉腫；如果我們忍受不住考驗，便會滑向瓶底，墜入接往地獄的瓶口，陷入無休無止的痛苦中；而如果我們理智的找尋出路，冷靜的看待自己與周圍的環境，便會找到通往天堂的瓶口，衝破人生的障礙，達到更高的境界！

達到人生大境界

☆讓思想在孤獨中昇華。

孤獨不是要你封閉自己，不是要你沉淪消極，如果你這樣做就會誤入歧途。

在孤獨中，你的眼光要看得遠，能在幽暗中尋找自己的未來，並根據過去的經驗，積極規劃人生的道路，並不斷地調整方向。這可以使你的思想更加開闊，融入更多的智慧，更快的得到昇華。

☆讓心靈在孤獨中沉靜。

孤獨是一種心靈的閱歷，它如同歡喜、悲哀、希望、絕望、喜悅、痛苦一樣，不可避免地會發生在每一個人身上。

當你感到孤獨時，其實是在為自己還原一方寧靜而純潔的淨土，你可以在這裡自由呼吸，不必察言觀色，不必受制於他人，去除一切干擾，讓心靈靜靜地呼吸，盡情地舒展。

☆讓自己在孤獨中走向成功。

孤獨可以使你以一顆簡單、純淨的心去面對生活，盡全力去拚搏，不斷地超越自己、完善自己，使自己慢慢走向成功。

第二章

越害怕越孤獨

——不如坦然迎接那份屬於你的孤獨

「我不要獨自一人，因為孤獨實在是太可怕了！那種冰冷無助的感覺簡直會令人窒息！」

常常有人這樣說，並且想盡辦法地逃避孤獨，用盡各種方法消除孤獨的感覺。然而，當我們對此感到害怕的時候，很容易頭腦不清醒，選擇一些錯誤的方法，最終使情況變得更糟。

與其這樣，不妨坦然的、用最單純的心去面對孤獨，排除雜念，以開闊的心胸去迎接一切。你會發現，每個人都有一份獨特的孤獨，在那裡有屬於自己的天地。

6 不要懼怕，請勇敢地承認自己是孤獨的

有些人對孤獨十分懼怕，懼怕它所帶來的孤寂、冷清，覺得那一股寒意可以直刺骨髓，讓人忍不住打顫。

然而我卻並不懼怕孤獨，相反，我還覺得孤獨有什麼可怕的呢？我常常特意將自己置身於孤獨之中，推掉一切聚會、應酬，獨自一人在家中關掉手機、不開電視、不開電腦，只靜靜地享受安靜的氣氛。

在這種時候，我最愛做的事就是讀書。無論是當代文學還是古典小說，都是不錯的選擇，哪怕讀上一闋辛棄疾或蘇東坡的詞，都能使心靈得到莫大的享受。

提起蘇東坡，我不禁想到，那也是一個敢於面對孤獨的人。蘇東坡曾因政見的不同難容於朝廷，兩次被貶到杭州。在杭州的日子裡，他離鄉背景，獨自一人面對著平靜的西

湖。

雖然西湖的景色天下聞名，但當一個人獨自遊走在西湖邊時，其孤獨的心境也可想而知。不過蘇東坡似乎並不介懷，不僅沒有自暴自棄，反而瀟灑地生活。

當蘇東坡第一次被朝廷貶至杭州做通判時，因為喜歡西湖的秀美景色，所以總在西湖的靈隱寺旁邊辦公。

有一次，蘇東坡判了一件案子：在靈隱寺裡有一個叫了然的和尚，他雖然是方外之人，但卻耐不住寂寞，經常跑到妓院尋花問柳，還迷上了一個名叫秀奴的煙花女子。

為討心上人的喜歡，了然把為數不多的錢都花在了她身上，以為能博得紅顏的真心。可是誰知道，當了然把錢財花個精光後，穿著一身破衣服出現在秀奴面前時，秀奴卻嫌他窮，與他恩斷義絕，再也不肯見他。

了然非常傷心，每天都喝得爛醉。有一次他喝醉酒後又去找秀奴，秀奴將他拒之門外，了然借著酒勁破門而入，把秀奴暴打了一頓，最後一怒之下竟然殺死了她。

當官府的人把了然抓起來以後，發現在他的一隻胳膊上刺著一副對聯：「但願同生極樂國，免教今世苦相思。」

這件案子後來呈到了蘇東坡面前，他看後提筆在判決詞上寫道：「這個秃奴，修行忒煞，雲山頂上空持戒。只因迷戀玉樓人，鶉衣百結渾無奈。毒手傷心，花容粉碎，色空空色今安在，臂間刺道苦相思，這回還了相思債。」最後了然被押赴刑場，依律斬首示眾。

了然乃是方外之人，本應四大皆空，看破紅塵，常伴清燈古佛，可是卻因為懼怕修行中的孤獨，從清淨之地重返紅塵。而結果呢？不但破了色戒，更破了殺戒，賠上了自己的一條性命。

這個年輕的了然和尚，想必也曾一個人孤零零地遊走在西湖邊，看著湖中的倒影自憐自艾，念著、怨著心中的那個女子。

孤獨，難道真的如此可怕、如此難以忍受嗎？了然的死亡不禁讓人聯想起給他題判決詞的蘇東坡，同樣是獨自生活在西湖邊上，同樣要經受孤獨的考驗，但蘇東坡卻遠勝了然。

當蘇東坡第二次被貶杭州的時候，雖然是杭州太守的身份，但終究也是被排擠出京城的，照理說更應該覺得孤獨、冷清、不被人理解。然而在蘇東坡眼中看到的，遠不只有了然眼中的風花雪月，更有人間的疾苦。

當蘇東坡第二次獨身一人來到西湖旁時，正逢杭州大旱，本來可以引水灌溉農田的西湖，現在已經無法依靠。

眼看著百姓受苦，蘇東坡寢食難安，他感嘆道：「若再不整治，更二十年無西湖矣！」於是蘇東坡上書，請求朝廷撥款修繕西湖。然而他的請求並沒有得到朝廷的重視，只是象徵性地撥了一點款。

拿著這一點點錢款，蘇東坡為難了。這點錢根本不夠疏浚河道，而且從湖裡挖出來的淤泥也沒有地方堆放。於是蘇東坡獨自一人反覆地圍繞著西湖走，想要找尋一個治理西湖的好辦法。

有一天，當蘇東坡獨自走在西湖邊時，腦海中突然靈光一閃，他想，西湖有三十里長，要繞著湖走一圈，一天都走不完。如果能把從湖裡挖上來的淤泥堆成一條貫通南北的長堤，那不是很好嗎？

這時他又聯想到：「吳人種麥，春輒芟除，不遺寸草。」這也就是說，假使挖掉葑田之後，可以招募農民來種麥，種麥獲得的收益，便可以做為整治西湖的資金。這樣一來，疏浚西湖有了錢、挖掘出來的淤泥有了去處、西湖附近的農民增加了收益、西湖還有了一條貫穿南北的通道，既能便利來往的遊客，又能增添西湖的景點和秀美。

這可真是一條不可多得的好計策啊！於是，在蘇東坡的指揮下，著名的「蘇堤」就這樣建成了。假使你去過西湖，在漫步蘇堤時，可曾想過在千年前，有一個不得志的太守，為了西湖的百姓，整日孤獨地遊走在西湖邊上？

這種孤獨，難道是令人深深懼怕的嗎？

這種孤獨，難道不值得細細品味嗎？

這種孤獨，難道不是催人奮進的力量嗎？

蘇東坡的孤獨，不禁又讓人想起那個貪戀紅塵的了然和尚，一個是本應該六根清淨的佛門子弟，另一個是最該看重功名利祿的朝廷官員，兩個截然不同的人有著相同的孤獨，但最終，他們卻走上了不同的道路。

這是為什麼呢？我想，這並不能歸罪於或是歸功於孤獨，關鍵是看你如何面對孤獨。

當你用懼怕的心去面對孤獨時，便會想著逃避，用各種方法去消除孤獨的感覺。在急切與恐懼中，你很容易「慌不擇路」，最終使自己變得更糟。而當你坦然的、用最單純的心去面對孤獨時，便可以排除雜念，讓自己去接受一切美好的事物，從中獲得力量。

因此，孤獨雖然聽起來令人悲傷、令人畏懼，但實際上它卻是平靜的、祥和的、能給人力量的。

也許你沒有去過西湖，也許你沒有蘇東坡那般背井離鄉的經歷，但身處社會中，你總會有獨自行走在大街小巷中的時候，總有不被他人理解的時候。此時，千萬不要心生畏懼，坦然面對每一道風景，哪怕這條路上只有自己，也依然很美麗。

如何去除對孤獨的恐懼

☆找到恐懼孤獨的根源。

要去除恐懼感，首先要知道你為什麼恐懼孤獨。是害怕一個人獨自過夜，還是害怕無所事事的感覺，還是害怕會被朋友們遺忘，或是根本不知道孤獨是什麼樣子的，所以才心生恐懼？

努力找出令你對孤獨產生恐懼感的原因，才能對症下藥。如果你是害怕無所事事，那就合理的安排事情給自己做；如果你害怕沒有人分擔你的喜悅與憂傷，那就反思你的人際溝通能力。

☆要對孤獨有客觀的認識。

從前有一個村子，在村子的後面有一片森林，但是從來也沒有人敢進入到森林中去，因為聽村子裡的老人說，那片森林被巫師施過詛咒，凡是進去的人絕對不會活著出來。

因此，幾百年來誰也沒有進過森林，大家都遠遠地繞著它走。直到很多年以後，科考隊聽說這個故事，便帶上儀器前去考察，想看看究竟是怎麼一回事。原來，森林裡被施咒語之說純屬傳說，真正的原因是森林裡有瘴氣，以前的科技不是很發達，沒有方法抵禦瘴氣的侵襲，所以才以訛傳訛。

後來，科考隊告訴大家一些抵禦瘴氣的方法以及要在瘴氣淡薄的時間段穿過森林，當大家瞭解這是怎麼一回事之後，再也沒有人感到恐懼了。

村民們先前對森林的懼怕來自無知，而其後的無畏來自瞭解。在生活中也是這樣，當我們害怕孤獨時，皆因對它沒有客觀的認識。

勇氣來自對事物客觀的認識，要想去除對孤獨的恐懼，你需要對它有更加全面的、客觀的瞭解。

7 推倒那堵超級自戀的牆

我有一個關係不錯的朋友，最近心情很差，約了我出來坐坐。整個晚上他都東拉西扯，似乎是想說什麼又不好意思說，我也不便點破，只是跟著他的話語閒聊。

聊著聊著，他突然變得沉默了，一句話也不說，只是坐在那裡喝著啤酒。他眉頭緊皺，一臉的抑鬱。半晌，他忽然用很正經的語氣問我：「你說我是一個怎麼樣的人？」

要評價一個人可不是那麼簡單的，範圍太廣，我也弄不明白他究竟是什麼意思，所以一時間沒有回答上來。

他看我答不上來，於是換了一種問話方式：「或者說，在你看來，我是一個特別自以為是的，甚至到了自戀程度的人嗎？」聽他這樣問，我反倒笑了，因為他的確就是這樣一個人。

我跟這個朋友認識了十年之久，總體來說他是一個很不錯的人，學歷又高，工作又好，相貌也不錯，家庭環境優越，更算得上是見多識廣。可能正因為這樣，他把自己看得比較高，在朋友圈裡喜歡當指揮者，凡是他說的話都認為是真理，凡是他做的事也一定是對的。不僅如此，他常常在言談舉止中流露出這樣的語句：「雖然這件事很困難，但我是知道自己的能力的，肯定能把它做得完美」、「我的那些同事真是太差勁了，哪怕他們能有我一半也好啊」、「以我的整體條件來說，只要想做，別人都不是我的對手」等等。

每次他說這些話的時候，都並不是在刻意炫耀，也沒有看不起別人的意思，只不過在他潛意識裡自己就是一個很有能力、非常出色的人，所以心裡怎麼想就怎麼說了。

說者無心，聽者有意，當他常常這樣說話的時候，就會給別人造成一種「這個人有點自信得過分了」、「他也太自戀了吧，什麼都是他最好」的感覺。也因為這樣，他沒有太多朋友，反而處處樹敵。

他並沒有意識到這一點，只是覺得被孤立，大家彷彿都不喜歡自己。

做為他為數不多的朋友之一，我本來應該提醒他注意一下為人處世的態度，但又不好意思開口。今天他既然主動問我，我便點了點頭說：「你是有一點自戀，做起事、說起話來不太注意別人的感受。為什麼你會突然這樣問呢？」

他嘆了口氣，對我講起了不久前發生的一件尷尬事。前不久，做為部門經理的他參加一個公司內部的會議，到場的都是公司的主管，還有一部分是員工代表。

在會議上，每個部門經理都要做一番發言，暢談對工作的看法、規劃未來的工作以及提出對自己和下屬的要求。輪到他發言了，他站在臺上侃侃而談，連事先準備好的發言稿也不用看，一副胸有成竹、氣定神閒的樣子。當他講完話後，便詢問員工代表們有沒有什麼好的意見或建議。就在這時，員工代表席中響起了一個聲音：「你說了這麼多美好的構想，可是依我看，如果這個部門沒有你，這一切構想都不會實現！」

這句話一出，在場的所有人都愣住了，大家順著聲音望去，想找到這個出言不遜的人。這時從員工代表中站起一個年輕人，我的朋友一看就心知不妙，原來那個年輕人進公司不到半年的時間，素來和他不睦，兩個人因為工作上的原因產生過不少摩擦。

只見那個年輕人站起身來，當著全場人的面說：「你從來只會談個人的想法，絲毫聽不進別人的意見。因為在你心目中，你永遠都是真理，永遠都是最能幹、最正確的那一個！我真不明白，一個自戀到這種程度的人，公司怎麼會重用他？」

這一番話真是既大膽又刺耳，一下子讓全場的氣氛十分尷尬，我的那個朋友站在臺上臉一陣白一陣紅。事後，那個年輕人由於不識大體、過於偏激，被主管找去談話，但這件事在我朋友的心中卻揮之不去。

幾天來，他每天都在想著那極為尷尬的一刻。一個剛進公司不到半年的員工，能夠當著那麼多人的面，直指他是自戀狂，可見平日裡的怨氣是多麼深。

說到這裡，他問我：「我真的是那麼自戀嗎？竟然讓別人對我有這麼大的意見！」

「也許那個年輕人的行為有些過激，但他既然這樣說自然有他的道理。你想想看，在平時為人處世時，有沒有真正聽過別人的建議，有沒有總是認為自己正確、認為自己了不起？做為你的朋友，我很瞭解你的語言習慣，有時候你說的一些話可能是無心的，但聽在別人耳朵裡就是很自戀。」

他聽了沉默不語，半晌才說：「你說的是對的，我從小都很自信，這本來是好事，但誰知道在不知不覺中，這種自信竟然發展成了自大，最後就變成了自戀。這也許就是為什麼我沒什麼朋友吧。」

「是的，這的確是原因之一。當你總是表現得非常自戀時，便沒有人願意走進你的世界。因為自戀有時候會讓人變得自私。」我說。

「那我該怎麼辦？」他有些茫然了。

「這並不難，」我提出了自己的看法，「自戀就好像一堵厚厚的牆壁，將你和周圍的人隔離開了。你被圈在那堵牆中孤立無援，既走不出去，別人也走不進來。只要你肯推倒心中那堵自戀的牆，就可以改變現在的處境。遇事不要自以為是，多聽別人的意見，多向別人請教；和別人說話時不要說得太滿，謙虛總是對的；不要認為自己什麼都好，你總有不足的地方，總有需要向別人學習的地方。」

「原來如此。」他不住地點著頭，表情釋然了很多。

這個朋友的問題並不是偶然的，有些人也像他這樣，只認為自己是最好的、自己所做的一切都是對的。這樣的人不僅是自戀的，而且是自私的，凡事只考慮自己，絲毫沒有為別人著想過。

這其實是一種錯誤的心理，也是每個人都難以避免的心理。在和他人的交往中，我們都或多或少的以自我為中心。尤其是當心中存在一些優越感時，更會極力表現出來。比如，假使你家庭環境富裕，便容易產生炫富心理；假使你相貌出眾，便會覺得誰也不如你漂亮；假使你頗有文采，便會認為別人的文章都是垃圾。

當你極其自戀的時候，便總是希望每個人都圍著你轉，以你的好為好、以你的惡為惡，假使你流了一滴眼淚，別人的嘴角旁就不能綻放一絲笑容。這非但不會讓別人認同你、喜歡你、追隨你，反而會將別人趕走，如同畫地為牢，將自己關在小小的圈子裡。

這時的你便會失去朋友、失去關愛，被孤獨所困擾。如果你還不能清醒，覺得是別人不瞭解你或是嫉妒你，那麼糟糕的情況就會越演越烈。

要想得到友誼、讓更多的人認同你，最好的辦法就是推倒那堵超級自戀的牆。不過，這也許有一些困難，因為大凡自戀的人都極不願意承認自己是錯的，即使他們對自己的人際關係感到苦惱，也不願意面對現實、承認自己是自戀甚至是自私的。

然而，越害怕承認這一點，越會變得孤獨，而且這種孤獨可不是寧靜的、美好的，相反，它會帶給你無盡的痛苦與折磨，讓你處處碰壁、處處樹敵。因此，請坦然的面對自己吧，你所執著的正是讓你痛苦的。動手推倒那堵圍牆，你便可以擁有更加廣闊的天地！

為什麼會自戀

☆太過自信。

自信是非常好的品質，然而任何事都是過猶不及。假使我們的自信心超出了正常的範圍，便會上升為自大、自戀。

所謂自信，應該是對自己瞭解的事情有全盤的把握，衡量自己能否勝任，而不應該在情況不明的情況下就認為自己有能力做好它。如果長此以往，自信很容易變為自戀。

☆缺乏廣博的知識。

我們都熟知井底之蛙、夜郎自大的典故。井底的蛙之所以覺得天就是井口這麼大、夜郎國君之所以覺得所轄比漢邦有過之而無不及，皆因青蛙不知井外的天地廣博、夜郎國君未至漢地所致。

當我們的眼界不夠開闊時，便會覺得自己無所不知、無所不曉。如果我們能夠在平時多讀一些書或是多出去走一走、長長見識，便會知道世界之大，還有很多東西是不知道的，是需要學習的。

☆滿足虛榮心。

自戀是由於虛榮心所致，即希望別人看到你的長處，且認同它。

法國哲學家柏格森對虛榮心有這樣的認識：「虛榮心很難說是一種惡行，然而一切惡行都圍繞虛榮心而生，都不過是滿足虛榮心的手段。」

由此可見，虛榮心是多麼的可怕，如果不能及時根除它，便會使你在歧途上越走越遠，很可能產生一些不好的行為。

8 能與自己侃侃而談的人絕不會感到孤獨

我有一個朋友，是個理佛之人。每年他無論工作多忙，總要抽出十幾天的時間，找一間寺廟，去裡面進行禪修。

所謂禪修，在我們這些不參佛、沒有宗教信仰的人看來，就是一種修行，打坐、念經、定下心神、約束自己。

我雖然不是佛教徒，但也常常向這個朋友請教一些佛教之事。有一次我問他：「你一個久居都市的人，突然間進入寺院，幾天都不與外界聯絡，你能習慣嗎？」

「有什麼不習慣的呢？」他反問道，「如果你能摒除雜念，進入到某種境界裡時，其他的一切便都不重要了。」

聽他這樣說，我打趣說：「既然你可以習慣，那不如出家好了，為什麼還要回到紅塵中，經歷凡人所要經歷的苦痛呢？」

「呵呵，這你就錯了。」他搖搖頭說，笑呵呵地說：「很多人都認為禪修是為了拋掉什麼或是去除什麼，實際上不是的。禪修的真正目的是要獲得開悟，不但要實現自己的目標，也要幫助其他人實現他們的目標。所以，悟之一字才是最重要的。」

我有些明白了，但仍然存有些疑問：「既然是悟，應該是隨處可悟，隨時可悟，為什麼一定要進入寺廟中進行禪修呢？」

他想了想說：「悟是可以隨時隨地的，但當我們還沒有達到一定的境界時，需要透過一些外在的方法輔助自己。就好比禪修，它就是要把你從紅塵紛擾中暫時拽出來，不和外界接觸，不和別人講話，只有這樣，你才能夠與自己侃侃而談。」

「與自己侃侃而談？」這句話帶給我一些觸動，我輕聲地叨念著。

「是的，」他看我似有所動，便繼續說：「只有與自己對話，才能看清自己的一切，比如你真正的想法、真正的需要、優勢與劣勢等，這種侃侃而談並不是插科打諢，而是認識自己，從而達到領悟的目的。」

我想了想又問：「那當你身處寺院之中，與自己對話之時，就不會覺得孤獨、冷清甚至難以忍受嗎？」

「我就是要這種孤獨啊！」他看我茫然的樣子，便解釋說：「當孤獨的時候，才能真正的排除干擾，找到內心的自我。這種孤獨並不難以忍受，反而是一種寧靜，是一種充實。如果你有時間也可以去感受一下，一個真正能與自己侃侃而談的人，絕不會感到孤獨。」

儘管我直到現在也沒有去寺院裡體驗過禪修，但卻當真被朋友的那番話震撼了。「一個真正能與自己侃侃而談的人，絕不會感到孤獨」，這是怎樣的一種力量，可以驅除痛苦、壓抑，只留下平靜與淡定。

從那次和朋友聊天之後，我便經常有意識地與自己對話，只不過地點從寺院變成了靜謐無人的夜晚。有時我會自言自語，對著空氣中的自己講一些經歷過的事情；有時會寫寫日記，記錄下一些心情；有時會乾脆給自己寫一封信，像與筆友一樣真誠地交談。

漸漸地，我喜歡上了這種與自己對話的感覺，儘管是獨自一人度過整個晚上，卻並不感到孤獨，反而有一種暢快淋漓的感覺。每當我與自己聊天過後，都能更清楚、更客觀地認識自己，看到內心真實的想法，不被其他的事物迷住雙眼。

有很多人都害怕孤獨，所以總是找別人聊天說話，把所有大事小情掛在嘴上，無論是工作、生活還是愛情，都被他們念叨了一個遍。他們企圖以這種方式逃避孤獨，希望能在與他人的對話中得到安慰、得到溫暖。

然而，在我們天南地北的暢所欲言時，有沒有想過找一個安靜的時間，和自己的心靈說說話呢？

孔子云：「三十而立，四十而不惑，五十而知天命。」當三十歲的時候，我們能夠自立；當四十歲的時候，我們可以不被外界的種種所迷惑；當五十歲的時候就知道天命了。所謂知天命就是一種悟，如果我們能夠早一點開悟，不用等到五十歲那麼久，生活豈不是會更加精彩嗎？

不久後我又從網上看到一篇科學新聞，說心理學家證明，每天和自己說上三、五分鐘話，可以有效地治療失眠症和抑鬱症。

我想這大概也是同樣的道理吧，在與自己說話的過程中找到自己，認清自己，達到豁然開朗的境界。當與自己說話時，也必然是在孤獨中的。

這真是神奇，一個是玄妙的宗教，一個是科學實驗的結果，兩種方法從形式上看有所不同，而其中蘊涵的道理卻是那麼的相同。

在我學會與自己對話前，每逢碰到不順心的事情都會首先找朋友傾訴，相信很多人都像我一樣。

找人傾訴也是一種宣洩情感的方式，但有兩個缺點：

一是當和朋友傾訴時，你的思維會隨著對方的思維游走，而對方未必是客觀的、理性的，而且你的情緒也會受到當時環境及談話氣氛的影響。當你被外界的各種因素干擾時，很難真正地達到心平氣和的狀態。

二是你如果控制不好自己的言談，很容易變成令人厭煩，讓對方對你產生反感。

還有一些人，遇到挫折並不去找朋友傾訴，而是把事情悶在心裡，一個人獨自承擔。這種孤獨並不是我提倡的孤獨，因為它實際上是一種逃避，不願意面對現實，連提都不想提起。

這種做法非但不能解決問題，反而會把自己永遠置於痛苦中，有害無益。因此，當我們感到孤獨時要學會和自己對話，像遇到一個久未謀面的朋友，讓欣喜蕩於心底。

雖然這個「朋友」不能給你語言上的回應，回答你的話語，但他會讓你感受自己的存在，感到被關心、被重視。

當你學會坦然地面對孤獨，便可以讓自己冷靜下來，客觀地看待所發生的事情，儘量排除主觀因素的干擾，使自己找到最佳的處理方法。

在這個過程中，也許你不會找到解決問題的方法，但卻可以找到一點螢火，照亮前方的黑暗，讓你不會迷失，不會絕望，並依靠自己的力量面對困難、面對生活。

在以下這些時候，將自己置於孤獨中，聆聽內心的聲音

☆在人生低谷的時候。

人生在世，有晴日也有陰雨；有順風順水，也有逆水行舟；有春風得意，也有馬失前蹄。

當遇到人生的低谷時，再積極、樂觀的人也可能會變得低落和消極，甚至認為自己是最差勁的，什麼都做不好，沒有人喜歡自己。

這種壞心情對我們的影響是很大的，假使不能及時疏解，可能會導致我們對生活完全喪失信心。

當處在人生低谷時，我們應該將自己置於孤獨中，請出心底那個懦弱的、遭受打擊的我，與他平靜、理智地談話，幫他找出失敗的根源、肯定他的優勢、鼓勵他東山再起。

☆在被光環圍繞的時候。

與人生低谷時相比，當我們獲得了某些成績、贏得了大家的肯定、被光環圍繞時，更

需要讓自己變得孤獨。

人都是虛榮的，當得意揚揚時，便會得意忘形、頭腦發熱，變得很不清醒。假使在這個時候你不能將自己置於孤獨中，很容易會迷失自我，不知道天多高地多厚。

☆在心情浮躁的時候。

在這個追求物質的社會中，心情很容易變得浮躁，做任何事都沒有耐心，喜歡投機取巧、得過且過。

在這種時候，請務必鄭重地將自己置於孤獨中。唯有這樣，才能使心靈冷靜下來，認清自己，腳踏實地的做人、做事。

☆在面臨抉擇的時候。

人一生的道路很長，經常會遇到一些岔路口。當我們站在這些岔路口，茫然無措地面對幾條未知的道路時，又該如何抉擇呢？如果稍有不慎，便可能走上彎路、錯路，甚至無法回頭。

在這種時候，孤獨又要出場了。它可以使你靜下心來，排除雜念，透過理智的判斷來選擇一條最適合自己的道路。

9　用不著根除孤獨，只要把它撫平

曾經有很多人問過我這樣的問題：「怎麼才能根除孤獨？」然後他們又自問自答地說：「我試過很多方法，看娛樂節目、讀笑話、聽音樂、跟朋友交談，但這一切似乎都不管用，孤獨就像野草，野火燒不盡，春風吹又生。」

對於這樣的問題，我總是反問：「為什麼一定要燒盡野草呢？就讓它們長成田野吧，你可以在上面播撒各種花的種子。那是多麼漂亮的景色啊！同樣的道理，為什麼一定要根除孤獨呢？只要將它撫平，生活就是美好的！」

然而，撫平孤獨並不是一件容易的事。記得曾經看過一則故事：有一個年輕人，他很想皈依佛門，常伴青燈古佛，於是就跑到廟裡，請老方丈為他剃度出家，從一個紅塵中人變成了一個小和尚。

可是小和尚出家才一個月，就無法忍受孤獨了，毅然還俗而去，下山做一個普通人了。

又過了一個月，還了俗的小和尚又不願意沾染紅塵的市井氣息了，便央求老方丈讓他再次出家，並保證一定不會再還俗了。老方丈心一軟，便答應了他的要求。

這一次，小和尚在廟中待了半年後，又受不了了。他一邊嚷嚷著「這裡太孤獨了，怎麼留得住人呢」，一邊收拾包袱回家了。

就這樣，小和尚一會兒出家，一會兒還俗，每次都是信誓旦旦地要做個佛門弟子，可是時間一長就忍受不了孤獨了。他來來回回地折騰了好幾次，讓老方丈很是頭疼。

當小和尚又一次要出家時，老方丈對他說：「你不用剃度了，也不用出家了，你忍受不了孤獨的。但是你也不要回紅塵中去了，你同樣也受不了那裡的喧鬧。這樣吧，你就在這半山腰的涼亭上開個茶攤吧，既可以為前來上香的施主做一點事，又可以不用山上山下地跑來跑去。一切都隨緣吧。」

小和尚被老方丈說服了，真的在半山腰上開了個茶攤。每日為上山進香的施主端茶送水，閒來無事就進寺廟跟著和尚們念念經，既清淨又不寂寞。

由此看來，要撫平孤獨還真不是一件容易的事，並非一時一刻就可以做到的。就像故事中的那個小和尚一樣，來來回回折騰了好幾次，最終也沒能留在寺中。

大多數人在剛開始接觸孤獨的時候可能都像這個小和尚一樣，陷入其所帶來的痛苦中，感到難以忍受，或中途放棄，或痛苦不堪。但也有一些人駕馭了它，將它馴服得如同一匹對主人百依百順的神獸，使它帶著主人遨遊另一片開闊而美好的天地。

奧地利詩人里爾克就屬於這樣的人。里爾克是一個很喜歡孤獨的人，在他的很多作品中都有描寫孤獨的詩句。

里爾克出生在一個普通的鐵路職工家庭中，很小的時候父母就離婚了，破碎的家庭使他過著一種與同齡孩子不同的情感生活。

長大一些後，里爾克進入一家軍事學校，但他並不喜歡這裡，只不過當時的平民階層都以讓子女從軍以躋身上流社會為時尚，所以里爾克才不得不來到軍事學校上中學。這段求學的日子，被里爾克視為是對精神與肉體上的摧殘，這也更加加深了他的孤獨感。不久後，里爾克因為身體條件太弱而被軍事學校除名，儘管他後來轉讀一所商業學校，但依然提不起任何興趣。

就這樣，年輕的里爾克懷著孤獨、寂寞的心情遍遊歐洲各國，他會見過托爾斯泰，給大雕塑家羅丹當過秘書，還在第一次世界大戰時應徵入伍。

這種顛沛流離的生活使他充滿了孤獨和悲觀的情緒，在無人理解的情況下，他只有把自己的思想寄託在文學作品中。

里爾克的一生有著很多著作，如《生活與詩歌》、《夢想之冠》、《布拉格手記》、《新詩集》等。在寫作的過程中，他彷彿走進了另一個世界，盡情地挖掘詩歌中的美和雕塑美。

慢慢的，里爾克對孤獨有了全新的感受，他認為正是孤獨使生活有了不一樣的體驗，於是他將美好的孤獨賦予在自己的作品裡。從作品的字裡行間可以看出，里爾克的孤獨並不是一種自我與社會的對抗，不是被社會拋棄、被人群孤立，而是一種與眾不同的生命體驗，是一種堅定的精神力量，是一種對自我的深層次思考。

里爾克不僅將自己沉醉在美妙的孤獨裡，還常常開導一些懼怕孤獨的人。在《給青年詩人的信》中，他這樣寫道：「在耶誕節到來之際，當您在節日中比平日更難忍受孤獨時，您不會收不到我的問候。可是，如果在那時您發覺孤獨很厲害，那就為此感到高興吧。因為（請您自問）不厲害的孤獨算什麼呢？孤獨只有一種，它是厲害的，不容易忍受的，差不多所有的人都會碰到這種時刻，那時，他們情願放棄這種時刻，換取任何一種不管多麼平庸而毫無價值的交際，隨便跟什麼人，跟最微不足道的人取得一點點表面上的一致。」

在里爾克的眼中，孤獨非但不可怕，反而像情人一樣美麗，一樣令人迷戀。之所以如此，是因為他撫平了孤獨。

孤獨就如同一匹桀驁不馴的野馬，如果你是一個技術糟糕又沒有耐心與毅力的騎師，很容易讓牠甩在地上，碰個鼻青臉腫；而如果你是一個技術精湛的騎師，並與牠展開一場持之以恆的較量，那麼總有一天會將牠馴服，讓牠對你俯首稱臣。

如果你有足夠的技術，那麼就像里爾克一樣征服孤獨，讓它為你所用；如果你的技術還不夠爐火純青，那也不妨像開頭故事中提到的那個開茶攤的小和尚一樣，為自己找到一個折中的解決辦法，也不失為一種人生智慧！

☆當撫平孤獨時。

便不會戰戰兢兢、如履薄冰，彷彿每走一步都會被怪獸吞掉，你將可以挺起胸膛、昂首闊步，面對所有的困難，享受所有的美好。

☆當撫平孤獨時。

即使一個人坐在公車的角落裡駛向陌生的地方，也不會覺得焦慮和無助，反而會悠閒地透過車窗，欣賞窗外的風景。

☆當撫平孤獨時。

就算好朋友放你鴿子，你也不必生氣、沮喪，大可以一個人跑到KTV，拿著麥克風與自己飆歌。

☆當撫平孤獨時。

哪怕失戀或找不到心愛的人，也不會難過得想哭，可以一個人漫步在街頭，微笑地看著來來往往手牽著手的情侶們，在心裡祝福他們幸福、快樂。

☆當撫平孤獨時。

即使周圍的人都不贊同你的想法、對你產生質疑，你也不會感到孤立無援、不被理解，一個人的舞臺會被你裝點得更加漂亮。

☆當撫平孤獨時。

就算沒有人陪你去旅行、沒有人陪你喝酒到不省人事、沒有人陪你聊天到天亮、沒有人陪你做這做那，你也會安排好節目，給自己創造別具風味的詩情畫意。

☆當撫平孤獨時。

你便不會自暴自棄、不會只看到陰暗的事情、不會凡事都往壞處想，你會在其中找尋樂趣，為自己增值。

☆當撫平孤獨時。

精神世界再也不會空虛，你可以把握思緒，為自己創造一場精神世界的饕餮盛宴。

☆當撫平孤獨時。

生活會在瞬間由醜惡變得瑰麗，你也會從禁錮自己的小屋中走出來，奔向無拘無束的天地，逍遙自在地漫步在藍天白雲之下。

第三章

一個人萬歲
——孤獨是你送給自己最好的禮物

在我們的一生中，免不了要面對孤獨，這是一段必經的歷程，也是一段奇妙的歷程。一個人的時候，不必再為人際費神，不必再與戀人爭吵，不必再裝模作樣地做事，就像一首歌中唱的那樣：「終於能像鳥兒自由飛，終於能大方去買個醉，終於可以貪玩和晚歸，嘿嘿嘿，一個人萬歲！」

是啊，孤獨是一份難得的體驗，每個人都應該送給自己這份最好的禮物。

嘿，一個人萬歲！一個人萬歲！

10 孤獨，教我如何面對你

十幾年前一個深秋的下午，我獨自前往郊區看望一個朋友。她是我的大學同學，上學的時候我們相交甚密，畢業後她去了美國求學，因此有幾年時間斷了聯繫。

我意外地接到她的電話，說她已經回到了北京，從老同學那裡打聽到我的電話，想見見我，跟我敘敘舊。她約我去她家裡，那是北京的郊區，離我住的地方真是相距甚遠。

「能約個離我們都近的地方嗎？妳家好遠啊！」我在電話裡問她。「再遠能遠得過美國嗎？那麼遠的距離，我也漂洋過海的回來了。」她的語氣中彷彿有一絲淡淡的憂傷，讓人不忍心拒絕她的要求。

於是我答應了，問清了地址，便在約定好的日子驅車前往。那真是個離市區很遠的地方，我開了兩個多小時才到。

當我見到久違的她時，幾乎認不出她的樣子了。在我的想像中，一個二十幾歲剛剛從美國留學回來的女人應該是很時尚、很熱情、很有朝氣的，而且她在學生時代就很漂亮，身邊的追求者也很多。

然而眼前的她卻好像變了一個人，臉色蠟黃，眼神中沒有一點神采，整個人很消瘦，而且很沒有精神，好像剛剛大病了一場似的。

她看到我很高興，熱情地請我進屋裡坐。一陣寒暄過後，我不由得問她：「妳怎麼瘦了那麼多？都顯得憔悴了。」

聽到我這樣說，她淡淡地一笑，笑容中有些許憂傷，我猜她一定是發生了什麼事。果不出我所料，她講起了這些年的遭遇。去美國留學之前，她意氣風發，發誓要拿到最好的成績，然後衣錦還鄉，有一番作為。

可是到了美國後不久，她便發現一切都跟自己想像的不一樣。陌生的國家、陌生的民族、陌生的環境，全部都讓她感到難以融入。每當她在生活上和學習上遇到難題時也不像在國內時會有人幫她，一切全都要靠她自己。

在這種情況下，她感到特別孤獨，連個說心裡話的人都沒有。她努力調整了一年，但這種孤獨的感覺一點也沒有減少，反而越演越烈，讓她連學習的心情都沒有，整天就想著逛街、玩樂。

在第二學期，她有幾科成績都沒有達到及格標準，但她並沒有將這些情況告訴國內的家人，而是只告訴他們自己現在一切都好。

她在孤獨的侵襲下混混沌沌地度過了學校生活，快要畢業的時候才發現自己的成績根本拿不到畢業證書。

此時的她再也忍受不了了，只能告訴父母實情。父母知道後又傷心又生氣，但也無可奈何，只能讓她回國。

回到北京的她依然沒有擺脫孤獨的感覺，勉強找過幾次工作，但每個工作都做不長久。現在的她暫時沒有工作，租了郊區的房子一個人住。

「我是個很矛盾的個體，在美國的那些年，我討厭透了孤獨，每當一個人的時候我什麼也做不下去。但是現在的我卻又不願意走到人群中去，我連市區都不願意去，因為到了人群密集處我只會更加感到孤獨。這也是為什麼我堅持想要妳來我家聚會的原因。」她邊說邊苦笑。

又與孤獨有關！我聽了也不由得苦笑，看來孤獨真是個令人尋味的話題。

在接下來的整個下午，我都在聽她講這些年發生的事情，並想著各種方法試圖解開她的心結，希望她現在能像個普通人一樣去工作、生活。

眼看太陽快要下山了，我便告辭回家。當我坐上車發動引擎時，從車窗裡回頭向她招手示意，她站在屋外淡淡地笑著也向我揮手告別，在小屋的斜後方還有一條不知名的小河流過。此時，夕陽的第一抹光恰好照在她身上以及她身後的河面，河面上映出粼粼的波光，格外漂亮。我忽然發現，這幅畫面有些似曾相識。

是的，這是美國作家亨利‧戴維‧梭羅筆下的《湖濱散記》中的畫面：「透過樹林我可以望見湖水，還可以望見林間的一小塊空地，小松樹和山胡桃樹正現出勃勃生機。湖水凝成的冰面，還沒完全消融，僅有幾處已融化開了，色澤黝黑，滲出湖水……我聽到雲雀和其他的鳥雀在林間鳴唱歡聚，與我們一起開始度過新的一年，這是令人舒心的春日……」

這美麗的景色就是梭羅曾生活過的地方──瓦爾登湖畔。

《湖濱散記》並非是虛構的文學作品，而是梭羅的真實生活。年輕的梭羅，曾經經歷了一段刻骨銘心的愛情。

他愛上了一個十七歲的少女。在他的心中，對這位少女的愛慕，曾經是人生的全部。

但不料，梭羅的哥哥也愛上了這個少女。他們三個人經常在一起散步、在河面上划船、登山觀看風景、進入森林探險，他們還在樹上刻下了他們姓氏的首字母。

對於這三個年輕人來說，幸福應就在此處。然而，事情並非永遠如人所願。不久後，梭羅和哥哥分別向那少女求愛，但均遭到了拒絕。沒有多久，那少女嫁給了一個牧師。

這段毫無結果的戀情在梭羅心頭留下了深深的一道疤痕。而更令他傷心欲絕的是，一天，他的哥哥不小心被剃刀片劃傷了中指，但沒想到兩天以後傷口化膿了，全身疼痛。這一個小小的傷口，竟然引發了敗血病。沒有多久，梭羅的哥哥就與世長辭了。

失去了心上人，又失去了親人，這一個個打擊，讓梭羅也病倒了。大病了三個月之後，他才漸漸好轉。帶著傷心與哀傷，他一個人借來一把斧頭，來到瓦爾登湖邊的森林裡。

梭羅自己建了房子，獨自一人，在瓦爾登湖邊住了下來。「冬天正跟凍土一樣地消融，而蟄居的生命開始舒伸了。」在瓦爾登湖的日子，對於梭羅來說，安靜且恬美，簡單且自然。

後來，他把對這裡一點一滴的觀察，和自己對生活的領悟，寫成了一本書，這就是《湖濱散記》。

梭羅是個很有才華的青年，他也曾意氣風發地站在講臺上，為學生授課。可是這樣一個年輕人，卻拋開了自己的事業，拋開了人世間的繁華，選擇了一個人回歸大自然的懷抱。

是什麼讓他放棄了燈紅酒綠，來到那靜靜的瓦爾登湖？

是什麼讓他放棄了男歡女愛，來到那靜靜的瓦爾登湖？

是什麼讓他放棄了熱鬧繁華，來到那靜靜的瓦爾登湖？

是對簡單生活的嚮往，是對自然生活的熱愛。

就像他自己所說的：「簡樸生活是門學問，它一直遭到人們的輕視，但它卻不能任人漠然無視。」

這也是《湖濱散記》吸引人的原因，它所散發出的簡單快樂是極具魅力的。

想著梭羅與他的瓦爾登湖，再想想正住在郊區的大學同學，他們兩個人同樣都是品嘗了生活的不如意後才選擇了遠離人群獨自居住。然而，他們的心卻是那麼的不同，梭羅在孤獨中體會到的是寧靜與美好，而我的大學同學在孤獨中體會到的只是淒涼、憂鬱與茫然。

做為一個生活在都市中的現代人，誰都難免有疲憊、心煩意亂、垂頭喪氣的時候。這些壞情緒很容易讓我們陷入孤獨中，在這個時候，你該如何面對呢？是逃避、借酒澆愁，還是樂觀積極地面對，並在其中找尋屬於自己的世界呢？

我的大學同學選擇了前者，所以除了孤獨她什麼也沒有得到；而梭羅選擇了後者，在孤獨中寫出了傳世的著作《湖濱散記》。

親愛的朋友們，請微笑著面對孤獨，因為它是你送給自己最好的禮物！

為什麼我們不能將孤獨當做送給自己的最好禮物

☆過於看重物質。

也許有些人認為：「如果像梭羅那樣遠離塵世，特意尋找孤獨，那便會缺少物質生活，如何生活下去？」

當然，物質是很重要的，這一點誰也不能否認，但孤獨而簡單的生活並不意味著窮困，更不意味著潦倒。相反，是我們的生活太過奢侈了。

就像《湖濱散記》中所寫的那樣：「大多數的奢侈品，大部分的所謂生活的悠閒自在，不僅沒有多大必要，而且對人類的發展實在是個阻礙。」

是的，孤獨其實是一種平和的生活態度；是一種回歸自然的簡雅；是一種讓心靈尋求寧靜的方式。

讓我們以平靜的心態面對孤獨，在屬於自己的瓦爾登湖畔找尋一片芬芳。

☆受到固有思維的限制。

有些人一直將孤獨看做是不好的，一旦感到孤獨就下意識地朝著下坡路走去。

其實孤獨好與不好，完全看你如何對待。假使你能擺脫對孤獨的負面認識，就可以以全新的視角看待它，在其中找到樂趣。

11 一個人獨遊紅螺寺

週六與朋友約好去紅螺寺遊玩，因此一大清早我便起床，收拾好要帶的東西，準備出發。就在我剛要踏出門口的時候，手機響了，是朋友打來的，她說家裡有點急事，不能如期赴約了。

朋友不能同去了，我自然有一些失望，可是轉念一想，既然已經起了個大早、收拾好了東西，那不如自己依計畫行事，獨遊紅螺寺。於是我轉失望為興奮，隻身踏上路途。

當我來到紅螺寺山腳下的時候，便知道此行不虛。山上林木茂盛，滿眼望去都是綠色，一些不知名的鳥雀在林間跳躍，唧唧喳喳的歡歌。深深地吸一口氣，滿是草木的芬芳。

當我來到紅螺寺內的時候，發現寺內有兩棵十分粗壯的銀杏樹，東邊一棵，西邊一棵。關於這兩棵銀杏樹還有一個傳說：它們是雌雄兩棵，東面的是雌樹，只結果但不開花，西面的是雄樹，只開花但不結果。兩棵樹自唐代便屹立在這裡，每改換一個朝代，樹上便多長出一株側幹。

這雖然只是一個無法考證的傳說，但兩棵銀杏樹確實已經有千載的樹齡了。望著這兩棵參天古樹，我忽然想，這千年來的朝代更替，人不同了，景也不同了，唯有這兩棵樹依舊相同，一東一西地站著，遙遙相望。倘若它們有靈有情，看到身邊的景物一件件地逝去，難道不覺得孤獨嗎？

看來這似乎是一個沒有答案的設想，乾脆不再去想它，繼續遊覽。前面便是紅螺寺的正殿，裡面有虔誠膜拜的信徒，也有純屬參觀的遊人。

我並不是一個佛教徒，也從來沒有念過一篇經文、燒過一炷清香，不過我卻很喜歡看佛教的故事，其中的很多道理讓人回味無窮。

說起佛教故事，當然不能不提佛祖釋迦牟尼。他曾經是個王子，名叫悉達多。在他誕生剛七天的時候，母親就去世了。國王十分疼愛悉達多，便讓王后的妹妹進宮照顧他，又命三十二個宮女一同撫育，八個宮女負責抱他、八個宮女負責為他洗浴、八個宮女負責給他餵飯、另外八個宮女負責陪他玩耍。

悉達多王子在眾人的精心照顧下逐漸長大，過著錦衣玉食的生活，他不但身體健康，而且聰明伶俐、心地善良。

悉達多王子經常在出門遊玩的時候，看見一些受苦的人。比如一個衣衫襤褸的老人，駝著背，拄著一根枴杖，一步步地艱難前行；或是一個病人，臉色蠟黃，不住地喘息，十分痛苦；或是路邊躺臥著一個死者，死狀淒慘，家人圍著他痛哭失聲。

悉達多王子每次見到這些受苦受難的人們，再看看自己身上穿的錦衣華服、每餐吃的珍饈美味、出入乘坐的香車寶馬、身邊圍著的宮僕奴婢，便覺得心中難過，苦悶不堪。

有一天，悉達多王子又一次出門遊玩，這一次他看到一位出家人，儘管他衣著樸素，但氣質不俗，精神健碩，眉宇間透著一股不凡的威儀。悉達多便向這位出家人請教，為什麼他貧寒但卻如此灑脫。

出家人便告訴悉達多修行解脫之道。悉達多聽了以後便決定要放棄榮華富貴，潛心修行，擺脫生老病死之苦。

國王聽說兒子要出家修行之後當然不同意，為了挽留兒子，國王命人建造了一座富麗堂皇的宮殿，春夏秋三季都有百花盛開。又找來了很多歌舞伎，彈奏悅耳的曲子給悉達多聽、跳曼妙的舞蹈給他看。

國王希望以極度的享受來打動悉達多的心，讓他捨不得拋棄這一切，打消出家的念頭。然而悉達多卻絲毫不為所動，在一個月夜，他悄悄起身，沒有驚動家人，只吩咐一個馬車夫幫他備馬。

當悉達多出城後，馬車夫希望能勸說他回心轉意，於是就將修行之事形容得苦不堪言，並說山林中有很多荊棘野獸和蛇蟲鼠蟻，自小生長在皇宮中衣食無憂的王子必然受不了這些苦。

然而悉達多卻並不懼怕，信念十分堅定。為了表示自己的決心，他當下拔出腰刀，削去頭髮，並且發下誓言：

「我今剃除鬚髮，願與一切眾生斷除煩惱習障。」這時，一位手持袈裟的獵人打此經過，悉達多便以身上的華服與之交換。從此以後，享有富貴榮華的王子悉達多成為了清貧悟道的釋迦牟尼。

馬車夫看見此情此景，知道已經無法挽回，只得隻身回宮。

釋迦牟尼出家後，苦心修行，並多方尋訪明師，以求修成正果。

有一日，釋迦牟尼在一棵菩提樹下打坐之時有所參悟，終將修成正果。然而就在他即將成佛之時，魔王卻來搞破壞，派出三個魔女—愛慾、樂慾、貪慾去誘惑釋迦牟尼。

三個魔女擺出種種妖嬈之態，對釋迦牟尼殷勤獻媚，然而釋迦牟尼對此卻無動於衷，視而不見。魔王見這一招沒有效果，就親自帶上魔兵魔將，手持毒雷毒箭，向釋迦牟尼殺將過來。

而釋迦牟尼端然正坐在金剛寶座之上，一點也不懼怕，並對魔王說：「我之所以得成菩薩道，是因為積集了無量福德智慧，你來攻我，不是以卵擊石，自取破滅嗎？」

魔王最終也拿釋迦牟尼沒有辦法，只得灰溜溜地鎩羽而歸。而釋迦牟尼也得無上大道，成為圓滿正等正覺的佛陀。

記得第一次讀到這則佛教典故的時候我還在上國中，那時我很不理解，為什麼一個雍容華貴的王子，要拋棄所擁有的一切，選擇獨自一人苦心修行。照理來說，他所擁有的正是每個人都希望擁有的，錦衣玉食、尊貴無比、嬌妻美妾、奴僕成群……難道這些對他來說真的如糞土一般嗎？

過了很多年後，當我慢慢成熟、增加了一些閱歷之後，才略為理解了這則典故。我想，那個集萬千寵愛於一身的悉達多王子，所追求的並不是外在的享受，而是內心的豐盈。然而我仍然無法明白，他是如何度過修行時的孤獨歲月的。一下子從繁華的皇宮中離開，孑然一身地在山林間行走，每一個清晨和黃昏都是獨自度過，他難道沒有一絲痛苦、不適與不捨嗎？

這個疑問在我腦海中存在了許久，直到我自己也經歷了孤獨的痛苦、摸索與覺悟後，方才理解了那個捨棄了榮華富貴的王子。

有一些人，對自己的現狀頗為滿意，認為自己有令人羨慕的學歷、不錯的工作和豐厚的收入，妻子美麗溫柔，孩子乖巧懂事，父母安康幸福。這些人擁有很多，但卻並不感到幸福和滿足。在他們的內心深處總有一種茫然和空虛的感覺，想要再追求些什麼，卻始終不知道應該追求些什麼。就如同悉達多生長於皇宮之時，雖然過著奢華的生活，但卻並不幸福。

相反，在我們身邊的另外一些人，他們可能沒有很多的金錢，沒有很好的工作，沒有美滿的家庭，但每一天心中都充滿了喜悅與滿足。就如同出家後的釋迦牟尼，儘管貧寒困苦，但心中充滿平靜與喜悅。

這是因為在後者的心中擁有信仰。當我們的心中沒有任何信仰時，便完全依附於物質生活，這種人生是空洞的，如行屍走肉；當我們的心中充滿信仰時，精神世界就會變得豐盈。而所謂的信仰，並不一定要去信仰某種宗教，更不一定要每日手持念珠、打坐念經之類的。對於大多數人來說，信仰的內涵非常廣闊，可以是友愛、興趣、希望、理想等等。

這些都可以使我們的人生更加開闊，使生命更具活力，也使得孤獨變得可親可愛起來。當我想到此時，忽然又想起一進紅螺寺時看到的那兩棵銀杏樹。方才我還在想，它們屹立在這裡千百年，是如何忍受孤獨的，現在看來，在它們的心中未嘗不喜歡孤獨。這兩棵銀杏樹有幸生長在這寺院之中，受多了香火、聽多了佛經，也許早就參透了更多的東西。我的擔心實在是庸人自擾。

當我從紅螺寺中出來時，已經是下午了，前來遊歷的人們更加多了，並且都是三五結伴，未見有像我一般獨自前來的。在這些來來往往的人群中，我顯得形單影隻。然而此時，我的心中卻異常平靜與充實。

他日若你能前來，不妨也獨自一人，看看青山、聽聽鳥鳴、想想銀杏樹與佛典故事，這一個人的紅螺寺，真好。

信仰是孤獨時不可缺少的伴侶

☆信仰能使你在孤獨時看到更多美麗。

假使你沒有信仰，心中便會被各種物質慾望填滿，雙眼便會被它們蒙蔽，又怎麼能看到大千世界中的美麗呢？

即使擺在眼前的是繁花似錦，你也會想「這些都算得了什麼」。

同樣，若你沒有信仰，即使身處熱鬧的人群中、與朋友在一起時，你也會覺得孤獨、苦悶。然而當你心存信仰時，一切都會不同。你會刻意尋找生活中的美，即使形單影隻，也不會覺得空虛。

☆信仰能使你在孤獨中體味到平靜與喜悅。

古希臘哲學家亞里斯多德曾說：「離群索居者不是野獸，就是神靈。」

然而在生活中，很多覺得孤獨的人並不像神靈，反而像野獸，煩躁不安、四處咆哮，甚至做一些傷害自己或傷害他人的事情。

假使心存信仰，便不會如此。當你心中充滿信仰時，人生是有意義的、生命中是充滿愛的。這種大愛使人變得有理想、有目標、有朝氣，並腳踏實地的朝著目標邁進，心靈也變得平靜，充滿喜悅。

☆信仰能使你保有自我，不會迷失。

當人處在孤獨的階段且沒能調整好自己的心態時，很容易受到誘惑。周圍的人的某一個舉動、某一句話都可以引起他產生一種念頭。這種念頭有好有壞，要想做出正確的選擇實屬不易。

假使我們心存信仰，便擁有了抵禦誘惑侵襲的力量，無論在何時、何地、何境，都不會迷失自我。

☆信仰能減輕你心中的苦痛。

人生在世，難免經歷生離死別，當親人離去、愛情不再、朋友決裂或是生意失敗時，都會使我們陷入痛苦、絕望與孤獨中，並且這種不好的感覺很難迅速驅除。

假使我們心存信仰，便有了堅定的意志，猶如擁有一盞永不熄滅的導航燈，在漆黑的夜裡為我們引領方向。

12 人間何處有孤獨

有些人害怕孤獨，遇見它總會逃之夭夭，但也有些人嚮往孤獨，但遍尋不得。

我有個朋友，他很認同我的孤獨理論，也希望將自己置於孤獨中，感悟到一些、收穫到一些。然而他卻總是孤獨不起來，理由是塵世太喧囂了，哪裡有孤獨呢？

他對我說：「我每天上班的時候，都和很多同事在一起，與孤獨無緣；下了班，街上人來人往，又吵又鬧；假日時開車到郊外，以為會是荒山野嶺，就我一個人，誰知道去郊遊的人不比市區少；於是我只好把自己關在家裡，關上門窗，拉緊窗簾，但那也無法隔音，外面的嘈雜聲總能透進來，我一點也靜不下心來；就算一個人在家裡吧，誘惑也太多，電話、電腦、電視，能和外界聯絡的方式太多了，我真的孤獨不起來。」

聽了他的抱怨，我問他：「那你所期望的孤獨是怎麼樣的呢？」

他想了想，說：「應該是有一間遠離城市的屋子，方圓幾里都沒有人煙。屋子裡只有我一個人住，沒有朋友，沒有鄰居，一個人也見不到。」

聽到他這樣描述，我笑了，說：「你所說的只不過是孤獨的一種形式，像在荒島上的魯濱遜一樣。在現實這個社會中，是很少有人能這樣的，但並不是因此就沒有孤獨，否則怎麼會有那麼多的人感到孤獨呢？」

「那孤獨究竟在哪裡呢？」他問。我回答說：「你剛才所形容的只不過是要求聲音完全靜止、大家不在你眼前出現，這太膚淺，也太形而上學了。」朋友看著我，好像依然不是很明白。

我想了想，說：「這樣說吧，孤獨像一陣風，是無處不在的，有些人比較敏感，被風一吹就會感冒，陷入孤獨中；而有些人比較粗枝大葉，或是心胸比較開朗、豁達，小小的風是無法讓他『感冒』的。而你可能恰巧就屬於後者，不太容易感到孤獨。其實我們並不一定要刻意把自己弄得跟孤家寡人一樣，去做一些形式上的事情，只要用心去體會那種境界，用積極的態度面對，就會領悟到孤獨的美妙，並且樂在其中。」

朋友聽了我的話若有所思，直喊著要回家去體會孤獨的境界。

生活就是這樣，當你害怕某種事物的時候它偏偏與你如影隨形，當你希望與它謀面時，它卻又像害羞的小女孩，總是躲著你，不見蹤影。孤獨也是如此。

有很多人害怕孤獨，但又有人想要孤獨而不可得。這不禁令我想起了一則寓言：從前有四個人，他們厭倦了塵世的喧囂，想要找尋孤獨的所在，以便讓自己獲得更多感悟，學到更多東西。

有一天，他們走到了一片森林。森林靜謐極了，一個人也沒有。

第一個人驚喜地說：「這裡真安靜！太好了，在這麼幽靜的森林中，我一定能感悟到一些真諦。我要在這裡住下來！」而其他三個人並不覺得這裡有什麼好，他們說：「這裡有鳥有獸，並不孤獨，一點也不好。」於是第一個人獨自留了下來，其他的三個人繼續向前走。

當這三個人走到一片沙漠時，第二個人看著一望無際的沙海說：「這真是孤獨的所在，沒有人打擾，連飛禽走獸也沒有，我要留在這裡領悟生命的真諦！」而其他兩個人說：「這裡經常有駝隊經過，會受到干擾，一點也不好！」於是第二個人留了下來，剩下的兩個人繼續向前走。

他們走啊走，走到了大海邊。第三個人看著藍色的大海說：「天呀，這裡太安靜了，最適合獨自修行了，我一定能在這裡找到最真實的自己。」而最後一個人搖搖頭說：「這裡有什麼好？又有漁民又有海鳥，吵死了！」於是第三個人留在了海邊，只剩下第四個人繼續行走。

第四個人走啊走，經過了很多地方，山谷、鄉間、河邊、草原……可是他覺得哪裡都不夠安靜，一點孤獨的氛圍都沒有。

就這樣一晃幾年過去了，第四個人還在尋找中。他滿是失望和痛苦，終於放棄了尋找孤獨，按原路返回了。

當他經過大海邊時，遇見了第三個人。他便問說：「你在這海邊的孤獨中領悟到了什麼？」

第三個人回答說：「我每日獨自坐在海邊，看潮漲潮落、日出日落，我發現這正如生活，總會有低谷，但總會過去，美好的一天永遠都在身邊。」

第四個人聽了若有所思，繼續向前走。當他經過沙漠時，遇見了第二個人，他問：「你獨自一人在這荒蕪的沙漠中感悟到了什麼？」

第二個人說：「沙漠中的白天，熱的能烤死人，到了夜晚卻冷的能凍死人；滿眼都是黃沙，沒有飛禽、沒有走獸，沒有任何人相伴。然而有一天，我卻在沙堆裡發現了一些小甲蟲和小蜥蜴，牠們頑強地生活著。我們的人生也要這樣，不管遇上多麼惡劣的環境和多麼棘手的難題都要撐下去，能堅持下來的就值得喝采！」

第四個人聽了沉默不語，繼續向前走。當他經過森林時，遇見了第一個人，他問說：「你在這片森林中領悟到了什麼？」

第一個人說：「這裡曾經發生了一場大火，火焰燒毀了一切，樹死了，草枯了，野獸死的死逃的逃。就在我以為這裡變成了一片死地時，竟然發現在枯木堆裡鑽出了一棵綠油油的小芽。過了幾天，竟然滿山遍野都鑽出了這種小芽。不久後，山又變綠了，野獸們又回來了，在這裡安了家。這正如生命，看似脆弱，實則頑強，一代代生生不息，永無止境！」

第四個人聽完後放聲痛哭，他說：「你們都找到了孤獨，並在其中領悟到了生活、人生與生命的真諦。可是我根本就沒找到孤獨的所在，幾年過去了，什麼都沒有領悟到。」

這則寓言中的第四個人和我的朋友倒有幾分相似，找不到自己認為的孤獨。並非是這世上沒有孤獨，而是他們過於注重外在的形式。

孤獨並沒有一定的標準，沒有規定一定不能有人相伴、不能有嘈雜的聲音等。有的人需要在獨處時才能體會到孤獨，也有的人在置身人群中時才能體會到，這些都無關緊要，最重要的是用心去感悟。

記得有首禪詩是這麼寫的：「人間何處有淨土？淨土只在汝心頭。人人有個靈山塔，莫向靈山塔外修。」

禪詩中所說的是淨土，假使理解為孤獨也無不可。要體會孤獨並不一定要某種氛圍、某種環境，在自己的身邊就有無數個可以領悟孤獨的時刻。它可以是某個躲在屋裡看著窗外飄雨的夜晚，可以是獨自走在街頭看著紅男綠女的午後，也可以是靜靜發呆的幾分鐘……

假使你也想將孤獨這份禮物送給自己，請不要向外尋找，因為一切都在自己心中。

最容易感到孤獨的時刻

☆一個人的夜晚。

黑夜總是容易讓人與孤獨相遇。幽暗的屋子、昏黃的燈光、寂靜的空氣，一切都讓人沉靜下來，有與外界隔絕之感。

☆在大自然中行走。

大自然總有一種神奇的力量，既能令人感到孤獨，又能令這份孤獨充滿詩情畫意。當與大自然親密接觸時，到處都是鳥語蟬鳴、綠樹紅花，彷彿置身另一個只有自己的世界。

☆融入某個角色。

文藝片對人性的刻畫總是入木三分，使人的思緒隨之起伏。當你融入某個角色中時，特別能升出一種孤獨的心境，彷彿與世隔絕一般。

13 靈感只有在孤獨的時候才會湧現

每個夜晚都有不同的模樣，我獨愛月夜。無論是滿月還是月牙，也無論周圍有多少點點繁星，當它高掛在天上時，那一瀉千里的銀白色月光，總是顯得格外孤獨。

我正是愛上了月夜的這一點。也許是與工作性質有關，我特別喜歡孤獨的氛圍。因為寫作的過程是一件很私人的事情，需要獨自完成。

很多朋友都曾經問我：「像妳這樣總是一個人寫作，不會覺得孤獨嗎？」對於這樣的問題，我一概如此回答：「如果覺得孤獨那是再好不過的了，因為靈感只有在孤獨的時候才會湧現。」

當夜晚降臨、月上東山、四下無人之時，打開電腦，讓月光順著窗簾的縫隙照進來，恰好照在鍵盤上，孤獨感一下子湧了出來，靈感便很容易閃現。

每當提起月夜，我總會想起一個偉大的人物——貝多芬。他所譜出的著名的《月光曲》，就是對月夜最好的詮釋。

那是一個幽靜的傍晚，貝多芬一個人在維也納的郊外散步。走著走著，他走到了一間小木屋前。這間小木屋非常簡陋，牆上用各種破木板釘了又釘，最大的縫隙足足有一指寬。雖然是一間簡陋的小木屋，卻從裡面傳來一陣優美的琴聲。

貝多芬一聽這琴聲就愣住了，因為這正是自己的一首鋼琴奏鳴曲。

看到這小木屋的主人雖然貧窮，卻如此熱愛自己的樂曲，貝多芬感動極了。他敲了敲門，開門的是一位盲人女孩，正是她在彈奏貝多芬的曲子。

當貝多芬做了自我介紹後，盲人女孩高興極了，她請求貝多芬親自彈奏一首曲子給自己聽。

貝多芬欣然允諾，在這小木屋裡滿懷激情地彈奏了一曲。一曲終了，兩個人就音樂暢談甚歡。正在這時，一陣風吹起，屋中的蠟燭被吹滅了，皎潔的月光從視窗射入，正照射在鋼琴之上。

看著這潔白的月光，貝多芬腦海中突然浮現出一連串的曲調。他突然不辭而別，奪門而出。

回到家後，貝多芬立刻趴在桌子上寫了起來。原來，在剛才的小木屋中，貝多芬突然有了靈感，所以迫不及待地回家將它寫了下來。

這首在月夜中寫出的樂曲，先是一段平和安詳的音樂，彷彿明月冉冉上升，將銀光投射在睡夢中的森林和原野。而後，曲調變得輕快活躍起來，好像淘氣的精靈在月光下嬉戲漫舞。到了最後的段落，樂曲更加激烈狂熱，有如怒濤飛濺的急流，在月夜下向遼闊的海洋狂奔而去。

這首曲子便是舉世聞名的《月光曲》。每當我聽到貝多芬的《月光曲》時都在想，那是怎樣的一個夜晚，在幽靜的小木屋中，一個曠世的音樂家在月亮的陪伴下，讓靈感在五線譜上跳躍，為世人留下優美的旋律。

其實，貝多芬這位偉大的音樂家，其很多作品都是在孤獨中誕生的，他的一生也是孤獨的。

貝多芬的作品以陽春白雪居多，這使得他在當時的社會不被認同，曲高和寡。在整個社會都沉醉在莫札特與海頓的樂曲中時，貝多芬卻獨自用激情澎湃的靈魂，譜寫著一曲曲樂章。

在曲風上，貝多芬不受任何形式的限制，使用別的作曲家不敢使用的和絃，使用貴族們從未聽聞的曲式。這種差異造成了貝多芬與當時社會不可逾越的鴻溝，將他推向了更加孤獨的深淵。

然而，在這種孤獨中，貝多芬並沒有放棄，更沒有沉淪，他反而靜靜地置身於自己的世界中，抓住每個不斷閃現出來的靈感，譜成了一曲曲流傳萬世的佳作。

我相信很多從事類似行業的人都是喜歡孤獨的，無論是寫東西、作畫、譜曲，都喜歡在夜晚進行，因為此時是最高效的工作時間。

夜晚是靜謐的，日間的嘈雜都變得無聲無息，連鳴蟲都睡去了，想要特意聽到一些動靜都是件很難的事情。你不得不孤獨，不得不獨自面對黑夜。

但是，這種氣氛卻使心靈變得極為敏感，每一個細胞都變得異常亢奮，盡情地伸展著觸角、嗅著空氣中的每一絲有效的資訊，隨時準備將它變成藝術作品。

夜晚的思想有如天馬行空，此時的孤獨絕不是憂傷、困苦、無依的，而是一種天大地大，肆意馳騁，不受約束的淋漓暢快。

也許你的工作不是寫作、畫畫、作曲等，那又何妨？你總是需要靈感的，也許是一份合作計畫，也許是一項工作方案，也許是一個策劃案件，也許是一個宣傳創意……這一切都需要靈感閃現。

又或許你的孤獨不只在夜晚才會湧起，這些都無關緊要。無論在何時何地湧現的孤獨，都是值得你珍惜的。

請試著與外界隔絕，不與別人交流討論，只獨自一個人思考，也許是某個夜晚，也許是某個白日，你將會收到意想不到的效果！

在孤獨中閃現靈感的巨人

☆文學家：列夫・托爾斯泰。

十九世紀後半期俄國最偉大的作家列夫・托爾斯泰，其一生都在孤獨中辛勤創作、筆耕不輟，登上了當時歐洲批判現實主義文學的高峰。

儘管年少時托爾斯泰家境富裕，衣食無憂，但十八歲那年，父母亡故，他便一個人開始了全新的生活。

天性的善良，使托爾斯泰非常同情農民的處境，希望能夠改善他們的生活，但農民和地主之間無法調和的矛盾使他的想法無法實現，也得不到周圍人的認同。他只有把這份美好的幻想寄於筆上，開始了漫長的寫作生涯。

在孤獨的歲月中，托爾斯泰創作了很多流芳百世的作品。儘管在文學上取得了不菲的成就，但托爾斯泰選擇了遠離人群，在遠離莫斯科的莊園中度過餘生。

☆哲學家：尼采。

提起孤獨的哲學家則不能不想到尼采，他的一生都是與孤獨相伴的。在給朋友寫的一封信中尼采言道：「歸來吧，回到孤獨中來，我們倆都知道怎樣在孤獨中生活，也只有我們倆知道。」

尼采將孤獨帶到哲學中，形成了獨特的理論。他總是在一個人靜靜思考時靈感閃現，寫下一篇篇的華章和精闢的哲學理論。

☆科學家：愛因斯坦。

二十世紀最偉大的物理學家之一愛因斯坦，一生不在意別人對他的否定與質疑，獨自一人堅持著自己的想法。

兒時的愛因斯坦過著顛沛流離的生活，長大後又離開了德國，離開了普魯士科學院，這使得他與親友之間拉開了很大的距離，不被理解、不被認同。

愛因斯坦曾說自己是一個「孤獨的旅客」，在眾人面前，他總是覺得自己需要與大家保持一定的距離。在孤獨中，愛因斯坦提出了廣義相對論，它的影響直到今天都是積極而深遠的。

☆傳奇才女：張愛玲。

張愛玲的心中總是有化不開的孤獨，比任何人都敏感、細膩。她有顯赫的家世，但到了她這一代已然沒落。張愛玲的童年是黑暗孤獨的，這也為她日後的文風埋下了蒼涼的味道。

幼年的不幸使張愛玲對人生有了更多的思考，她開始將這些靈光閃現的點滴置諸筆下。《紅玫瑰與白玫瑰》、《傾城之戀》、《金鎖記》等，是從那個時代起就烙印在每一代讀者心中的經典作品。

14 自感空虛時，恰是需要孤獨時

我們經常能聽到一些人抱怨：「生活怎麼這樣空虛？每天都覺得很茫然、很浮躁，不知道自己該做些什麼；或是無所事事，做著一些毫無意義的事；或是沒由來地發脾氣，也不知道是在跟誰生氣。」

當有了這樣的感受時，一些人會拚命做事、努力工作、經常加班，不給自己留一絲喘息的機會；也有一些人會瘋狂玩鬧、喝酒泡夜店，不讓自己想得太多。

然而，當這一切事情做盡之後，心靈卻依然空虛，即使身處喧鬧的人群中，也依然抹不去空虛的感覺。

即使生活得再有目標、再樂觀的人也難免會有感到空虛的時候，這是一種正常現象，但卻是一種不能被忽視的現象。

假使沒有及時處理內心的空虛，便如同姑息養奸一般，從不起眼的小毛病變成大禍害。

有個剛剛過了二十歲的年輕人，他本來在一所知名大學讀書，照理說有著無限光明的前途，可是卻突然被學校退學。

原來，這個年輕人上了大學後，一下子從高壓式的高中生活進入到了以自動為主的大學生活，很不適應。再加上遠離家鄉，所以內心變得有些空虛。

為了消除空虛的感覺，年輕人經常約同學一起玩，甚至違反校規，去社會上的一些不當娛樂場所。但是慢慢地，同學們都有各自的事情，也沒有人願意和他一起瘋玩了。這使得年輕人從熱鬧中又變回安靜了，隨之而來的空虛感又湧上了他的心頭。他並沒有認真地想一想為什麼會有這樣的感覺，只是覺得很討厭，於是置學業於不顧，又開始瘋狂玩鬧。這次，他認識了社會上的一些人，與他們出入酒吧、舞廳、網吧，有時候甚至整晚都不回宿舍。

剛開始時，年輕人總找一些理由來搪塞宿舍管理員的檢查，久而久之，再好的理由也遮掩不住了。尤其是到了學期末的時候，整天只顧著玩樂的他根本沒有讀書，每科功課都亮起了紅燈，就連補考也沒有通過。於是學校老師找到了他的家長，希望家長能說服他認真學習。

這本來是一次改正錯誤的機會，可是年輕人被老師和家長批評完以後，更加覺得無所適從，空虛感又一次襲上了心頭。所以他又開始重蹈覆轍，用玩樂來填補內心的空虛。

當再一次期末考試時，年輕人仍然每科功課不及格。這一次，他被學校退學了，此時已是悔之晚矣。可能我們並沒有像故事中的年輕人那樣極端，被空虛弄得耽誤了大好前程，但不可否認的是，很多人都曾經或正在產生空虛的感覺，並且為之苦惱。

我們為什麼會產生這樣的感覺呢？又要如何解決它，使生活變得充實起來呢？其實，當感到空虛之時，就是需要孤獨之時。

為什麼這樣說呢？當心靈感到空虛時，證明我們正在尋找某種東西。這種東西可能是任何事，比如是某些理想。理想是每個人都有的，但卻並不是每個人都能實現的。

有時某些原因會導致我們遲遲不能實現理想，只能無奈地把它放在心底或是望而興嘆。久而久之，你便會漸漸淡忘曾經的理想，而把注意力轉到其他事物之上，不過你並沒有徹底忘記它。它像一顆小小的種子，蟄伏不出卻根植在心底，對你的心理有一定的影響。

又比如是一些兒時未曾實現的願望，每個人在兒時都會有些願望，它們可能很幼稚或是很不實際，所以一直未能實現。它們就像鵝卵石，靜靜地躺在溪底。隨著歲月長河的沖刷，慢慢就會從河床上顯露出來。

這些「鵝卵石」的外表可能已經被河水沖得變了模樣，導致你一時間辨認不出，只是依稀似曾相識。這種模糊的感覺會讓你產生困惑，處在躁動不安的情緒中，得不到安寧。時間久了便會覺得心裡空蕩蕩的，有難以言喻的滋味。

再比如是一種生活狀態。每個人對生活的理解都各不相同，喜歡的生活狀態也不盡相同。假使你目前的生活狀態正是你喜歡的，那便很值得慶幸，因為你找到了適合自己的天地。

假使目前的生活狀態令你很不滿，卻又一下子改變不了，便會很焦躁不安，如關在籠中的獅子橫衝直撞卻衝不出牢籠。這同樣會令你覺得空虛，不停地追尋期望中的環境。

也可以是一些想做而不敢做的事。有些事存在於你的想像中，可能一輩子也不能做或不敢做，比如有些乖孩子從小便很聽長輩的話，即使不願意做的事也從來不敢有違長輩命令。

他們期望自己是一個叛逆的、敢想敢做的人，但卻一直也不敢付諸行動。這會讓其悵然若失，把一些想法壓抑在心中，產生躁動的感覺，想要做些什麼來熄滅這股火，卻始終找不到方法，讓心靈感到無奈與空虛。

這些東西根植在心底，可能不為我們所察覺，只是朦朦朧朧地有些感覺，卻總說不清楚具體是怎麼回事。

這種感覺也許會讓你感到不舒服，但卻是個好現象，證明你已經開始覺醒，意識到心靈空虛，你所要做的，只是再向前走一步，去做些什麼改變這種情況，讓心靈變得充實。

這時孤獨就要登場了，與熱鬧、逃避相比，孤獨是解決空虛的最好方法，一個人只有在孤獨中才能看清自己和自己的需要。讓我們再來看看文章開始時提到的年輕人，倘若當他感覺空虛時，及時將自己置於孤獨中，聆聽內心的聲音，理智地去分析其原因，就會做出正確的選擇，他的大學生活也將完全不同。

假使你也正感到空虛，那麼請為自己獻上這份最好的禮物——孤獨！

如何使心靈變得充實

☆心存善念，行善舉。

乍一看之下，心存善念彷彿與充實沒有太大的關係，其實不然。

對於一般人來說，一天的大部分時間都要工作或是照顧家庭，必須生活在金錢與情感的世界中。但除了衣食住行，我們必須要有一些善念及一些善舉。

當我們去幫助別人、珍惜每一份緣分、懂得把握已擁有的幸福時，心中就會得到安寧與祥和。這種感覺是金錢買不到的，比擁有物質或是愛情更為充實。

☆堅定人生目標。

當人生有了目標時，你會發現所有的事都在悄悄地發生著變化。你不會再覺得無所事事，更不會心生茫然之感。你會腳踏實地的向著目標邁進，而沒有什麼時間感到空虛。

☆擁有一顆平常心。

有些人對生活有著遠大的理想，希望過上想像中的日子，但如果這種理想一時難以實現，便有些灰心，做事也不積極，心態也不樂觀。時間一久，便會感到百無聊賴，不知道要做些什麼。

我們要擁有一顆平常心，為人處世要平和，把一切事情都看得平淡，不要過分追求某一樣東西，這樣才能求得心靈上的寧靜，使身心都處在愉快、充實的狀態中。

☆不要讓自己閒太久，也不要忙太久。

任何人都不能長期無事可做，也不能長期忙忙碌碌。閒得太久會讓你越來越沒有目標，而忙得太久會讓你失去方向。

凡事都要適可而止，太閒了就找些自己愛好的事做，看看書、做做家務或是學一些技能；忙得太久了就要放下手頭的工作，偷得浮生半日閒，好好輕鬆一下，讓疲憊、緊張的心情得到緩解。

15 經常抽出一天時間保持孤獨

某天深夜一點，我還在電腦前奮戰，因為過幾天就要交稿，我必須把全部的稿件再整理一遍。

正當我在忙碌時，ＱＱ的頭像一閃一閃地蹦了起來，我點開它，原來是一個關係不錯的女性朋友在跟我說話，她問我在不在。

「我以為這個時間只有我還在網上，妳怎麼還沒睡呢？」我問她。

「很孤獨，想找個人聊聊，看到妳在真好，我不用找陌生人聊天了。」她說。

我感覺到她的情緒有些不太好，便停下了手裡的工作，問她發生了什麼事。

她說：「最近很累，工作忙，又要應酬很多朋友，可是不敢讓自己停下來。」

在我的印象中，她是個絕對的派對女王，總是很多應酬，除了要約請客戶之外，還不忘和朋友逛夜店、K歌跳舞。她的日程每天都排得滿滿的，幾乎沒有閒暇，連吃飯的時候也要邊打電話邊吃。

「妳是不是太累了？請幾天假休息一下，或是少和朋友出去玩幾次，多點時間養養精神。」我這樣回答。

好一會兒她都沒有說話，似乎在沉默著，幾分鐘後她才又敲過來一句話：「不敢停下來，我受不了。妳知道嗎？每當我晚上卸下濃濃的妝時，都感到寒冷徹骨的孤獨，冷得我都透不過氣來。」

聽到她再一次提到「孤獨」二字，我想起了她和男友分手快一年了，至今也沒有找到新的戀人，也許是這個原因讓她感到孤獨吧。

她的話印證了我的猜測，她的確是因為遲遲找不到另一半才這樣的。

「妳都結婚了，老公那麼疼妳，妳體會不到我的孤獨。」她說。「我也是從沒結婚的時候過來的，以前也有過孤獨的時候，怎麼會無法體會呢？我不像妳，總是喜歡出去玩，照說我獨自在家的時候比妳多得多。」打這行話時，我不由得想起了過去的我，孤獨誰沒體會過呢？那是每個人都會有的感覺。

「對了，我正要問妳，妳總是寫東西，成天待在家裡很少出去，每次我們去唱歌什麼的妳都不去，妳不覺得孤獨嗎？我真不知道妳是怎麼忍受的。」她說。

是的，由於工作的緣故，我經常要對著電腦寫作，一寫就是一天，寫完了無非也就是下樓跑跑步、遛遛狗，很少參加朋友的聚會，一方面是我真的沒有時間，另一方面也是因為怕吵。

尤其是在我還沒有結婚的時候，從早到晚幾乎都是一個人待著，偶爾某一天才會去找個最好的朋友吃吃飯，或是麻煩出版社的老師指教一下稿子的問題。

仔細想想，那個時候確實覺得孤獨，尤其是在冬天的深夜，開著一盞幽暗的小檯燈，握著一杯尚溫的咖啡，看著窗外的細雨飄飄揚揚，那種寂寞的意境再加上屋裡不長進的暖氣，簡直孤獨得要了我的命。

「那妳是怎麼過來的？」她又問。我回想了一下，然後在電腦上敲道：「一開始是拚命找事做，工作、和狗狗玩、看影片、玩電腦遊戲、聽歌……可是後來發現這些招數統統不管用，做的時候可以暫時忘記孤獨，可是一旦停了下來，孤獨就會加倍地回來。於是索性不管它了，孤獨就孤獨去吧，大不了難過的時候痛哭一場，哭完了就發洩了一些，然後該做什麼就做什麼。」

沒等我說完這段話，她就發了一句：「唉，看來孤獨真是個令人糾結的東西。」

「不，」我繼續敲字：「後來我發現，孤獨是個很享受的東西。」

「為什麼這麼說？」她不明白。當我真正面對孤獨時，慢慢的發覺人還是需要它的，尤其是在忙碌的時候，特別需要孤獨光顧一下。」「孤獨的時候頭腦更清楚，思路更清晰，更容易找到靈感，很多時候我的書都是在孤獨中誕生的。」

「所以後來我養成了一個習慣，就是每個月至少抽出一天時間來保持孤獨。在這一天中，我關掉手機，拔掉電話線，斷掉網路，切斷一切會破壞孤獨的東西，把老公打發回他爸媽那裡，或是我自己出去，總之就是我一個人，誰也不見。」

「當我一個人的時候，總能靜下心來想一些事情，比如最近做得不好的或是好的事情、未來的幾個月或是幾年應該做些什麼、我有沒有增添一些壞習慣、有沒有給別人帶來麻煩、有沒有對工作不盡心等。」

「不但如此，我還可以暢快地做一些事情，比如跑到遊樂園玩旋轉木馬，不必擔心有人說我幼稚；還可以去有花有草的地方遊玩，不必擔心老公因為怕我哮喘發作而阻撓；也可以去動物園的天鵝湖邊靜靜地坐著，想想下一本書該寫些什麼。總之能做的事情很多，一天的時間都不夠用呢。」

「是這樣嗎？」她半信半疑。

「當然！不信妳可以試試，不要害怕孤獨，試著面對它，告訴自己：我就是孤獨，那又怎麼樣呢？」我篤定的說。

她相信了我的話，答應我試一試。

我的確沒有騙她，孤獨並不是洪水猛獸，也不是世紀絕症，更多的時候它是一種力量，可以推開成長路上的絆腳石，它又是一盞明燈，可以讓我們從一片黑暗中找到方向。

假使我們在喧囂塵世中得到快樂，便要在孤獨中梳理快樂；

假使我們在憤怒暴躁中失去理智，便要在孤獨中恢復冷靜；

假使我們在紙醉金迷中迷失方向，便要在孤獨中找回自我；

假使我們在輝煌成功中滋生驕傲，便要在孤獨中靜思己過；

假使我們在失意沮喪中心灰意冷，便要在孤獨中分析原因；

假使我們在一帆風順中變本加厲，便要在孤獨中學會感恩……

如果沒有孤獨，生活將變得凌亂不堪，甚至失去理智。親愛的朋友，請學會孤獨，感悟孤獨，並經常保持孤獨，讓孤獨成為你生活中最好的禮物，帶給你不一樣的精彩世界！

用喜悅的心面對孤獨

☆孤獨時恰是你尋找自我的機會。

當女人總是聚集在人群中時，頭腦難免不冷靜，心靈也變得浮躁，不知不覺就會失去了自我，變得茫然、不知所措。

如果妳感到孤獨，正是一個尋找失落的自我的絕好機會。孤獨可以使妳遠離人群、遠離紛擾，頭腦冷靜下來，對自己的過去做個審視，對現在做出分析，對未來做出規劃。

☆孤獨是為了積蓄力量。

當孤獨的時候，便沒有了外界的干擾，正好可以靜靜地待在家裡，讀讀書、充充電，學些琴棋書畫，陶冶一下情操。

這些都是在為自己積蓄力量，充實人生，使自己不斷地進步。當有一天你回首這段孤獨的日子時，會發現非但沒有太痛苦，反而得到了許多、收穫了許多，做起事來也變得更有精神、更有自信、更有力量。

☆孤獨恰是你弄清自己真正需要什麼的時候。

當女人感到孤獨時，很可能是在慾求什麼。當內心的慾望無法實現時，便會感到孤獨或落寞。

如果妳正處在孤單中，快來問一問內心，是否有了新的想法，是否有個大膽的創意，是否對生活有了新的目標。

第四章 與其兩個人孤獨，不如一個人精彩

——拋掉那些猶如雞肋的愛情

愛情本是甜蜜而精彩的，你能從對方那裡看到一個完全不同的世界，體會到不一樣的感覺。然而，在時下匆忙的都市生活裡，很多人的愛情都變成了曹操說過的「雞肋」。「雞肋、雞肋，食之無味，棄之可惜。」

很多人在戀愛中明明感覺和他（她）在一起沒有意義、沒有感情，即使坐在對方身邊，內心深處仍感到一種說不出的孤獨，可是依然難以放手。

也許他們覺得就這麼「拋棄」對方太過意不去，感情的投入也不是一天兩天的事了，想要割捨也很難。繼續吧，兩個人在一起的孤獨又讓人陷入一種無邊的黑暗中，不知道這樣的愛情什麼時候才是個出口。

何必如此呢，兩個人孤獨，不如一個人精彩。單身的你，未必不能好好生活，倒是這些雞肋般的愛情才是消耗生命熱情的「蛀蟲」，你（妳）有幾個青春可以揮霍呢？

16 單身是一種高貴的生活態度

單身是一種態度，更是一種高貴的生活態度。

二十世紀，單身的定義還僅限於那些適婚、高齡未婚者，稱謂裡充滿了對獨身境況的焦慮，和對二人世界、三口之家的嚮往。而在現代化的今天，單身表達的是現代人對無拘無束的寫意人生與揚揚自得，「單身貴族」就是對這一身份的褒譽。

只要你願意，你就可以體驗單身的滋味，而生活本身的不確定性就是最好的單身理由。比如，為了不錯過一生偶遇的他（她），為了不放棄一次發展事業的絕佳機會，為了不破壞兩地相思的距離之美，為了不再陷入相戀中令人生厭的口角之爭……

無論什麼理由，都說明那些選擇單身的人，僅僅是因為更看重生活的某一方面，是那些熱愛生活，更熱愛自己的理想者，在不能兩全的矛盾中堅持的過程。

單身的人不是對這個世界上的人失望，或者對情感失望，也不會對整個社會的喧囂失望。每個人都有自己的生活方式，也有維護自我利益價值的權利，所以不用在那些複雜中去探尋簡單，簡單中探尋複雜。

單身是一個過程，更是一種態度。當單身成為一種生活態度，人的心理自然輕鬆起來。選擇單身正如吃飯和穿衣戴帽一樣，僅僅是一個人的不同生活態度而已。

打個比方，你愛吃鹹的，或是愛吃甜的，愛吃辣的，或是愛吃酸的；你愛穿西裝，或是愛穿休閒服，都視個人的喜好，這是誰也不能強迫的，包括你自己在內。如果你確實喜歡一種口味、一種著裝方式，那就說明這種口味和著裝方式適合你，你因此感到快樂，關心愛護你的人也會因此感到快樂。

單身生活同樣如此，只要這種生活方式讓你快樂，相信那些真正關心和愛護你的人也會感到快樂，而不是你在孤獨中度日，別人則為你憂心忡忡。

一個單身女孩在博客中這樣描述她的單身生活：「一個人的時候，做事不用在意對方的眼光，逛街的時候，不用顧及對方的喜好、生活……隨性就好。平時工作，回家上網、讀書、寫字、研究美食，其樂無窮。泡上一壺花茶，在茗香中沉沉睡去，做一個好夢。週末，一個人逛逛街，肚子餓了找一家有情調的餐廳，一個人為自己叫一份大餐。無聊的時候約三、五好友，或小聚或遠行。也結交單身異性朋友，不談感情只談交情，覺得感覺對的時候，曖昧的相互依賴，感覺不對了，隨時解散，環保且無污染。」

是的，單身就是這樣，並且無關性別。單身女人也好，單身男人也好，都更有機會利用生活恩賜的這些獨處的片刻，好讓自己的眼睛穿過孤獨的天空解讀心靈。

單身時，你可以一個人乘車外出，在窗外一點一點稀疏的燈火中，裸露最敏感的心事。或者，在微弱的燈光裡坐在地板上，將耳機的音量調成適中，然後拿起一罐啤酒，慢慢的飲，什麼都可以想，什麼都可以不想。

單身對於人生的意義，就像獨處之於某一天、某一段年齡，是必然的經歷，是美麗的邂逅，是主動選擇。

只是在一些人眼裡，單身似乎成了都市的通病，也似乎成了流行。因為單身可以為所欲為，因為單身可以面對責任逃之夭夭，因為單身也可以常換常新，因為單身還可以任意妄為。

這些都成了一種生活，然而生活方式與生活態度是兩種不同的範本。不是說單身就是沒有緊箍咒的「猴子」，你可以隨時出去亂玩，已婚的人就只有變成「唐僧」任人宰割。

我們說單身是一種高貴的生活態度，意思是即使你是單身，也要對自己好，管理好自己的思想與行為，制約好自己的言行，至少要學會照顧好自己。

不是說你單身就可以緋聞滿天，日子凌亂，你的樓上樓下可是有眼睛的。別看現在是誰也不認識誰你可以不在乎，而哪天你的某些行為突然被流傳開來，你才會發覺，原來人言可畏才是人類最共通的目標與共識。

因此，當你還沒有瞭解單身是什麼的時候，不要就以為你能從容地保持這種孤單的態度，也許你目前只是走在離開孤單的路上，把單身當成一種過渡，而不是一種態度。

但是，單身的確是一種生活態度。單身並不是拒絕愛情，只是想用心地過好當下。即使生命中不存在另一個人，我們依然可以過得很精彩。

在單身生活中解脫孤獨

☆學會「躲寂寞」。

單身的生活固然快樂、自由，但並不是所有的單身者都擁有快樂，有時也會感到寂寞，所以單身的人要學會充實自己，透過學習和工作來「躲寂寞」。工作的意義不必多說，畢竟再自由的生活也是離不開牛奶和麵包的。倘若你一味地為了明天的麵包而忙碌，那麼孤獨的情緒只會紛湧而來，打破你內心的平靜。

與此同時，在這個新經濟時代，「唯一不變的是變化」，拿個文憑管你一生的好日子再也不復存在。在這個號稱「終身學習」的時代裡，故步自封的人很快就會被後來者超越，活得好的從來都是那些不斷「充電」的人。而充電的另一個好處，就是能讓你在假日中感到一種充實感，不必被周圍的環境所影響，於忙碌之中保持一種平靜的心態。

☆在旅行中忘卻一個人的孤獨。

單身旅行的好處在於離開熟悉的生活背景，看看大自然的美好，它們將讓你不再耿耿於一個人的孤獨。

當你感覺疲憊的時候，獨自出去走走，獨自出去看看，可以去任何你想去的地方，做任何你想做的事情，隨心所欲，天馬行空。雖然少了朋友們的陪伴，但卻能自由自在地沉浸在陌生的新世界中。

一部相機、一個背包和輕鬆、自在的自己，就這樣輕裝上路，用相機去捕捉每一個角落；用腳去感受每一種生活；用心去體驗每一份情調，不必在乎目的地，在乎的是沿途的風景以及看風景的心情。

單身旅行最大的魅力也就在於在觀賞風景的過程中，認識瞭解來自不同地方的朋友，說不定你生命中的另一半就在其中，正如那句話所形容的：旅遊就是愛情的天然子宮。

☆和朋友們來幾次聚會。

例假日，不必費心準備什麼約會，倒可以利用這難得的時間約幾個朋友聚聚。或者找個心儀的餐館，或者在家中DIY一頓大餐，大家圍坐在一起，說說最近發生的生活趣事，談談各自的工作見聞，既增進了朋友間的感情聯絡，又讓人心生愉悅。

☆精心佈置你的單身之家。

因為單身，所以你對自己的小窩有著絕對「話語權」。不過，雖然單身的家可以隨心所欲的佈置，但要佈置得有品位，也是需要下一番功夫的。

首先，你的家在色調上要簡約，畢竟一個人住的空間有限，簡約的色調能讓你的家看起來寬敞、明亮。

其次，在傢俱的選擇上，最好精挑細選符合自己個性或品位的款式。不管是真皮，還是布料，質感觸感一定要好。同時，除了基本的傢俱，那些小傢俱就應自由靈活，才能隨意調整空間。為小桌子或椅子裝上輪子，讓它們能「四處亂走」，給人一種靈動的感覺。

再來，要善於利用那些小配件，比如好看的雕塑擺設品、青翠的小盆景、玻璃瓶裡的一束束鮮花、一排麻製的各色的小袋子等。

最後，學會最大限度地利用空間，別讓你的單身小窩凌亂不堪。除了可用櫃子、紙箱、藤箱、木箱等來收納東西，牆壁上的空間也別浪費，可吊掛一些物件。

17 要形同虛設的愛情還是要豐富充實的精彩

一個人太孤獨了，多一個人或許會好些。看看人家成雙入對，自己回到家只能對著牆壁嘆氣，這日子怎麼能快樂起來呢？

於是，找一個人一起來打發孤獨的時光成了很多單身男女的想法。然而，這世間的愛情本來就是孤獨的，尤其是你遇到的那個人其實並不適合你時，面對一段形同虛設的愛情你又該如何取捨呢？

漂亮的曉燕在一家時尚雜誌做美編，人前人後她似乎是個「開心果」，但同事也經常看到她發呆的樣子。又到下班時間了，同事們開始收拾東西，曉燕卻伏在桌子上，似乎在睡覺。

「下班了。」同事的一句話驚醒了曉燕，伸了伸懶腰的她，拿起手機給同居的男友發了一條line：「晚上吃什麼？」回覆還是如往常一樣：「不知道，隨便妳。」

曉燕看後總會回一句：「我真賤，你以為我愛給你做。」隨後，她拿著皮包直奔酒吧。也許喝醉了，就不會活得太累了。

和男友同居三年了，誰都沒有覺得對方是最適合自己的，也不是最愛的。總之，起初的感覺已經慢慢沒有了，彷彿只是多了一些瞭解。慢慢的，情侶的甜蜜變成了一種淡然的冷漠，毫無親密可言，就好像是老夫老妻了，可是又沒有更深的進展。

當別人穿上婚紗，步入禮堂的時候，當別人單身卻擁有美好生活的時候，曉燕對於自己的這種生活也沒有太多的抱怨。

「唉，有些事情也是聽天由命的，可是我卻又有點言不由衷。如果再年輕幾歲，我就會毫不猶豫地結束這種生活。但是，現在的我覺得累了，沒有激情了。」曉燕曾對女友人說過。

女友人嘆了口氣說：「可是這樣的生活又能給妳什麼呢？」

「我也不知道，記得最初和男友找到房子後，每天下班我都特別興奮，因為生活中有了他，覺得生活有了希望。最起碼，開始發line我還能說一句『親愛的，今天想吃什麼？』之類的話。而他的回覆也許是『妳做主吧，妳做的飯我都愛吃……』之類的。可是現在，一星期能一起吃一頓飯就不錯了，想起來就覺得活得窩囊，但我又不敢輕易放棄。」

「這不說明你們的感情正在慢慢的消失嗎？那麼，妳男朋友又是什麼態度呢？」

「他？一樣的，我知道他也不滿意現在的生活，而他也不提分手的事。我想，他也是害怕一個人的孤獨吧。」女友人無語，曉燕也一樣無話。窗外，一對對情侶來來往往……

在這個紅塵世界裡，有多少人正在演繹著和曉燕一樣的生活故事呢？最初，是因為太孤獨了，如同兩隻刺蝟在寒冷的冬天裡想互相取暖一樣，因此走在了一起。當新鮮感淡去後，每個人都後悔的發現，對方並不是自己真正要找的人。一個人的孤獨變成了兩個人的落寞，沒有了愛情的生活也成了一種病態。

很多人雖然對於自己的這種生活不滿意，但他們恐懼婚姻，又想追求愛情，這讓他們已經無法在感情世界裡快樂地活下去，也許只有選擇原地踏步走，得過且過。這樣的安穩至少讓他們有一種安全感，讓他們有這樣的一種想法：就算發生什麼事，至少家裡還有個人。

只是，如果真的發生什麼事時，你恐怕只會更孤獨。維持一段形同虛設的愛情，表面上讓你免除了形式上的孤獨，但是卻無法讓你免除精神上的孤獨。在電影《亂世佳人》

裡，衛希禮曾對郝思嘉說：「相似者才幸福」，這句話可謂天下愛情的基準。

既然相似者才幸福，那我們又有什麼理由與一個不同路的人勉強維繫一段感情呢？一個人的生活又有什麼不好？

說到這裡，想起了蔡依琳的《單身公害》，她在歌中唱道：「沒人疼沒人愛小心單身是公害……」想必不少單身男女就是不想讓自己成為一種「公害」，才急急忙忙找一個人來告別單身時代吧？

其實，單身也未必是一件壞事。單身的男女，要懂得疼愛自己，像珍惜戀愛一樣珍惜單身。畢竟，單身的時光很短暫也很寶貴，難得有這樣一段時光來與自己對話，與自己做朋友，好好愛自己，你有什麼理由不好好享受這難得的精彩呢？

單身的你，不必聽那首《沒有情人的情人節》，也不用讓《今天你要嫁給我》、《明天我要嫁給你了》這些歌在你耳邊無限度的侵擾。一個人在家裡，有的只是那份悠閒怡然自得。泡杯茶或咖啡，播放自己喜歡的音樂，拿幾本鍾愛的書再從頭細細品讀，或是獨自觀看一部經典的電影，相信這樣的場景若干年後都很難令人忘懷。

單身，是一件簡單快樂的事情。但是，千萬不要因為寂寞而干涉朋友太多的生活。比如，經常給朋友打電話，讓他們騰出時間陪你。畢竟，他們不是你隨傳隨到的男女朋友，他們有自己的生活。沒有誰需要對你負責，找點事情讓自己做做，單身得學會享受寂寞！

單身讓你體會另一種精彩

☆自由地結交朋友，體會友情的可貴。

戀人也許會帶給你一種不一樣的感受，但戀人的存在卻在無形中縮小了你的生活圈子。倘若戀人對你的某類朋友看不順眼，時間一長，不是你疏遠了朋友，就是你的朋友越來越少。而你面對眼前這個人，卻感到一種說不出的陌生，只是因為彼此習慣了對方的存在，才把這種生活一天天將就下去。

當有一天，你結束了這段形同虛設的感情之後，你才發現朋友對你的意義是多麼重要。對單身的人來說，交朋友正是對抗孤獨的一劑「疫苗」。

與此同時，單身時要學會正確地交朋友，而不是給自己設置一些的條件：要找社會地位旗鼓相當甚至略勝一籌的，要找願意兩肋插刀、大方的，要找離得近、常見面的……

其實，幫你排遣寂寞的人不是能給你多少實際好處的人，而是你跟他交往不用擔心誰付出得多，且共事起來興趣會越來越高漲。

☆把喜歡的事情，當做事業來做。

兩個人在一起時，總是感到無聊，只因為你們的興趣愛好不一樣。你喜歡韓劇，他愛看球賽；你喜歡攝影，他寧願在家裡上網……久而久之，一到週末假日，你就開始發愁，不知道如何打發時間，因為你無事可做了。準確地說，你找不到能讓兩個人都感興趣的事來做。

而單身的你，則不必有這麼多顧慮，完全可以把你喜歡的事，當作事業來做。比如，在週末或空閒的時間，參加一個自己感興趣的社團，或者與朋友們一起出遊，或者參加才藝培訓班，或者去圓你小時候的「鋼琴夢」、「畫家夢」……結果如何並不重要，重要的是在這個過程中你很開心，做了自己想做的事。

☆享受獨處的時光。

生活在這個紛擾喧囂的世界，我們每個人都需要有自己獨處的空間。單身的你，比別人有了更多的時間和空間來獨處，從而來放飛自己的心靈，什麼都可以想，什麼都可以不想。

要知道，對抗孤獨的最根本的辦法就是學會好好獨處。有些人把寂寞看做是一團死麵，總是想扔掉，卻沒想到加點料、耐心等一等就能讓它變成「活麵」。

具體做法是：每天抽出十五分鐘時間，關上門窗、手機、電腦、電視、燈，靜坐下來，問問自己今天過得怎麼樣，有哪些不開心的事情，其中原因可能有哪些，哪些事情需要改變等。

18 其實沒有什麼可留戀

閒暇時，常常思考有關愛情和孤獨的問題。忘了那句話是誰說的了，大意就是「沒有什麼可以證明愛情，愛情是孤獨的證明」。

弗洛姆在《愛的藝術》中是這樣描述愛情和孤獨的：「對人來說最大的需要就是克服他的分離感和擺脫孤獨的監禁。」

確實，愛情幫助人們克服孤獨，卻又讓人體驗到自我的失去。成熟的愛情，是在保留自己完整性和獨立性的條件下，也就是保持自己個性的條件下與他人合而為一的。而世間多少愛情，其實是沒有什麼可留戀的，因為它讓人失去了自我而難以自拔。

曾記得那個下午，天空是那麼絢爛，我卻沒有什麼快樂的心情。女友人坐在我對面，哭得像一場大雨，一直下到我心裡。也許，真應了那句話了，女人是水做的，所以一個女人可以從那裡變出那麼多的眼淚，彷彿把自己所有的委屈都變成了一種宣洩。

淚光中，女友人傾訴著自己的愛情。那個讓她用全心愛著的男人，那個讓她付出了全部的男人，最終結果卻是如此的心酸。

如同每天上演的愛情悲劇一樣，女友人留戀的那場愛情只帶給她無盡的傷痛與哀傷。

一個女人，可以為了一個她愛的男人放棄她原來的所有，只為這個男人給她一個飛翔的方向，讓她可以永遠地留在他的世界裡。但是，這個男人卻給了她一個黑洞，讓她不得不沒有任何理由的沉迷，再掙扎，再毀滅了自己。

一個女人，可以給一個她愛的男人她所有的美麗，所有的溫柔，只為這個男人能給她一個甜蜜的希望，讓她可以永遠在希望裡忘記自己。但是，這個男人給她的卻是一把看不見鋒利的刀，讓她一點一點地破碎在自己的愛情想像裡。

其實，何止是女人。在這個紅塵世界中，有多少男女，明知道愛情早已消逝了，當事人卻依然沉浸在回憶中，留戀著過往的一切。

你到底在留戀什麼？留戀花前月下的深情？還是留戀有人陪伴的溫存？或是留戀你們曾經走過的那條小街？

即便你留戀的東西太多，又如何呢？愛情早就不復存在了，失戀也成了鐵定的事實。

失戀並不可怕，可怕的是無邊無際的留戀，那樣只會讓你陷入更深的孤獨之中。

明知道，在過往的愛情中，你並沒體會到多少快樂或者是美好，他（她）的存在也沒有讓你免除孤獨的侵擾，那你又何苦在留戀中苦苦折磨自己呢？

其實，每個人都是上帝給世界的一粒微塵，誰都看不見自己的價值和位置。只有當這粒微塵落入另外一個人的眼睛的時候，他才能看見自己。或者說，所有愛著的男人（女人）要的都不多，只是一個可以不再孤獨的愛情和一個安全的港灣。

可惜，世間很多事總是難以遂人心願，愛情不僅沒讓你遠離孤獨，反而讓你加倍體會到了孤獨的感覺。只是，有什麼理由證明有了愛情就一定不孤獨了呢？反過來，孤獨不也是愛情的證明嗎？

無論愛情是什麼，它都很少屬於語言，而是全部屬於心的。才女三毛說過：「愛如禪，不能說不能說，一說就錯。」而三毛自己，則用自己的生命給世人留下一個殘酷卻誘人的謎。

大文豪海明威一生充滿了傳奇和不朽，但更多的是孤獨。觀察他一生的軌跡，不難發現，這種孤獨是來自於寫作，來自於愛情。

常言說：情到深處人孤獨。失戀是一道逆命題，你一個人做不來，一定要有人成全你，並且這個人是你最在乎的人，否則沒有殺傷力。

失戀這種事情真的很奇怪，無論男女，無論好人壞人，不論你是貧賤富貴，任你是貌美如花，誰也跑不掉，通通中招，人人有份。

所以，失戀的男男女女，一個個都在留戀中憶著過往，在留戀中把自己變得憔悴不堪。何必呢？只是失去了一段感情，又不是丟了自己。一個成熟的人，要學會尊重對方個性的完整，彼此不加拘束。當你感到彼此性情不合，或因時勢所礙，分手在所難免時，請不要勉強。真正的愛，即使沒有結果，也應當令人懷念，而不是單純地留戀。

拒絕留戀，享受一個人的孤獨

☆對自己微笑，過好每一天。

每天早上一睜開眼，對著鏡子微笑，告訴自己：今天是美好的一天。即使你笑不出來，也要強顏歡笑，不需要太長時間，只需要十秒鐘，你就會發現自己渾身上下充滿了力量。

畢竟，昨天已成為過去，沒有人能在過往中找到自己。別再讓曾經的煩惱影響今天的好心情，我孤獨我快樂，一切都要從現在開始。

☆努力工作。

失戀不失志，無論男人還是女人，誰都沒有理由以「失戀」為藉口而怠慢自己的工作，尤其是女人。相比男人，女人更感性，這也讓女人容易把負面的、消極的情緒帶到工作中來，因此影響自己的工作狀態。這個時候，女人一定要告訴自己：工作是不會負你的，有付出必有回報！

當你工作的時候，不管任務有多繁忙，壓力有多大，都不要抱怨你的工作。換句話說，不要帶著怨氣去開始一天的生活，一步步去完成你的工作，那樣你會很有成就感的。

☆給自己定一個奮鬥目標。

過去，為了經營一段感情，你付出了很多的時間和精力，反而把自己的事忘在一邊。現在，沒有了感情的牽掛，你有了更多的時間來給自己定一個奮鬥目標，為了這個目標而不斷努力。有目標才有動力，有事做才不會讓你陷入空虛中，不斷留戀過往。

只是，目標的制定因人而異，不要和別人攀比，那樣你才能活得更輕鬆一些。要知道，人最大的敵人是自己，只有和自己比，才能永遠有奮鬥目標。倘若你用別人的標準來衡量自己，只會讓自己感到更累、更孤獨。

☆不要在乎別人的說法。

失戀的你，也許會遭遇別人異樣的眼神，或者是背後被別人說些什麼。這個時候，請保持沉默，寧肯在獨處中默默度過這段時光，也不要急於為自己辯解。感情本是你的私事，只有那些無聊的閒人才會拿別人的私事來取笑。

當你遇到別人不公正評論的時候，只要不傷及個人的尊嚴問題就隨他們吧。時間久了，無聊的人自覺無趣，就會識相地閉上嘴巴。

☆抽點時間做你喜歡的事。

一天中，無論工作多忙都要抽點時間來做自己喜歡做的事情。比如，聽歌，去運動，或者到公園裡走一走。週末時，你還可以約個久未謀面的朋友，一起坐坐，談談心，說說彼此的情況。

在做這些事的過程中，你會發現時間在不知不覺中已經被填得滿滿的，曾經的孤獨與落寞已經被一種全新的充實而取代。換言之，與其把時間都浪費在留戀過去的事上，為什麼不好好用來享受當下呢？

19 明天你會遇見更適合的人

幾年前，一位大姐給過我一句忠告：「別著急，妳會遇到更適合妳的人，就在明天。」那個時候，我對這句話的感觸僅限於過來人的寬慰而已，總覺得愛情這東西捉不住、摸不透，太讓人費心了。至於所謂的「適合」，又怎麼比得上那種觸電般的「感覺」呢？

時光荏苒，走過不少路，經歷了不少事，身邊朋友們的故事也一次次告訴我，愛情是發生的，而不是追求的，縱然今天你為情而傷，明天你終究會遇見更適合的人。

在一個個過往的故事裡，愛情似乎總是顯得過於沉重。愛得太深，會給兩個人帶來傷痕；愛得不夠，又總會覺得心有不甘。然而，愛終究不是天平，誰也不可能做到付出一百，就收穫一百。

當愛情變成雙刃劍，是選擇棄劍而去，還是繼續傷害？縱觀現實生活，那些在愛情裡沉浮的男女，又有幾個人能夠保持清醒呢？有些事情明知道不可能也不可為，卻仍執著地不肯放手，因為每個人都害怕放手後的那種孤獨，更不想品味一個人的黯然神傷。

很多時候，我們總帶著過去愛情失敗的陰影，將自己藏起來。然而，我們掩不住的卻是內心對愛情的嚮往。於是，對每一個能為我們帶來愛情的人伸出手，恍惚中以為自己會擁有幸福。

最終，你發現那一切都是一種幻覺；你還發現，一個人不孤單，想一個人才孤單。一個人不寂寞，愛上一個人才明白了寂寞的滋味。因為寂寞而開始的愛情，也就註定了兩個人的寂寞。

莎士比亞說過，對於一個耽溺於孤寂的人來說，伴侶並不是一種安慰。愛情與孤獨之間，存在著非常奧妙的關係。有的人因為害怕孤獨而選擇愛情，想不到卻在愛情中越來越感到孤獨，最後，愛情形同虛設。

於是，這個世界每天都在上演著一個又一個悲情故事。一次次的失去，一次次的傷害，把我們一次次擊倒。受的傷害太多，我們退回到自己的內心。從此，我們封閉起來，學會享受寂寞，不再輕易付出。結果，我們又開始了一個又一個的惡性循環。

也許有人會說：「我真的很用心，可是他（她）還是離開了我……我怎麼能不難過……」若如此，就讓他（她）去吧。你要相信每一段關係都是一個車站，單身才是終點，相遇是為了分手；你要有足夠的能力，讓自己一個人也能生活得比兩個人好。

要知道，每個人總有適合你的人存在。而在心理學家看來，判斷男女兩個人是否適合「牽手」，要考慮以下幾個因素。

第一，你們是對方的好朋友。

也就是說，你們不帶任何條件，喜歡與對方在一起，這就是所謂的「知音」。做不到這一點，只是為了戀愛而戀愛，或者出於空虛寂寞而找一個，又怎麼能談得上是「知音」呢？

第二，有默契感。

你們在一起時彼此很容易溝通，互相可以敞開心扉，坦白地談論任何事，而不必擔心被對方懷疑或者輕視。你們彼此非常瞭解並且接納對方，當知道對方瞭解了自己的優點和缺點後，仍然確信被他（她）所接納。同時，你能從最瞭解你、也是你最信任的對方得到支援的肯定。

第三，有共同的價值觀。

這就是我們經常說的「同類人」，你們在心靈上要有共同的理念和價值觀，並且對這些觀念有著清楚的認識與追求。你們都認為婚姻是一輩子的事，而且你們，注意是你們「雙方」都堅定地願意委身在這個長期的婚姻關係中。

第四，面對爭執能儘快解決。

兩個來自不同環境的男女，難免會在某些事情上意見不一致。而真正適合你的人，不會因為爭執而傷了感情，相反，發生衝突或爭執的時候可以一起來解決，而不是等以後來發作。

第五，你們的交往是快樂的也是成熟而理性的。

你們在一起時，可以彼此逗趣，常有歡笑，在生活中許多方面都會以幽默相待。有時，你們會有浪漫的感情，但絕大多數的時候，你們的相處是非常滿足而且是自由自在的。也就是說，你們有一個非常理性和成熟的交往，並且雙方都能感受到，在許多不同的層面上你們是很相配的。

現在，對照這幾個因素想想，什麼樣的人才是適合你的人？或者，曾經的那個人是否讓你從內心深處感到一種安寧，並且讓你的心時時感到快樂呢？

倘若答案是否定的，那麼你還有什麼理由為過去的一切而耿耿於懷呢？也許一個人活在大千世界，有些形單影隻；也許一個人，面對舊日情緣，有更多的傷痛；也許一個人，期待未來愛情，會有更多的徬徨……

但是，當你痛過、哭過、笑過之後，你依然可以活得精彩。等到一切塵埃落定時，明天，你就會遇見比他（她）更適合的人。

在孤獨中等待適合你的人

☆換個角度看失戀。

很多時候，失戀的人總會被這樣那樣的傷害傷透了心。但其實往往是這樣，身在其中難以自拔，跳出來或遠距離地看它才能品出人生的滋味。其實，失戀只不過是人生中的一個經歷而已。它絕對是豐富人生閱歷的精彩篇章，有人身在其中，不知何去何從。那麼，從現在開始就任憑時間流逝，一定能迎來另一片安寧。

☆反省充實自己，不斷進取。

即使失戀是因為你的長相、或學歷、或修養、或氣質……不盡對方的意，人家向你出示了「紅牌」，你也不必弄得一副很受傷害、很受打擊的樣子。古人云：「與其臨淵羨魚，不如退而結網。」這是很有見地的。

低不成而高又不就，如果你非得要求「高就」，現在能做的只有充實、提昇自己。存優去劣，查漏補缺，揚長避短。

靜下心來，在孤獨中反省，化傷感為力量，變壓力為動力，不斷進取，努力充實提昇自己，而使自己日漸一日的完善、成熟起來，增強自己的吸引力和向心力。

☆隨緣，適合你的人終究會來。

愛情可遇不可求，有緣則聚，無緣則散。沒有愛情的時候，多充實自己，多培養興趣，多參加團體活動，在活動中展示自己的「閃光點」。

待時機成熟，緣分來了，也許是別人悄悄地靠近你，也許是你輕輕地靠近別人。不容易得到的不一定是適合自己的；容易得到的也不一定是不適合自己的。當緣分來了，可不要失之交臂，緣分像機遇一樣，需要自己好好把握。

20 勇敢地唱首單身情歌

很多年前，一首《單身情歌》被眾人傳唱：
抓不住愛情的我，總是眼睜睜看它溜走；
世界上幸福的人到處有，為何不能算我一個；
為了愛孤軍奮鬥，早就吃夠了愛情的苦；
在愛中失落的人到處有，而我只是其中一個；
愛要越挫越勇，愛要肯定執著；
每一個單身的人得看透，想愛就別怕傷痛；
找一個最愛的深愛的想愛的親愛的人，來告別單身。
單身的情歌，沒有甜蜜，沒有纏綿，有的是灑脫，或許再加上淡淡的憂鬱。單身的情歌，傳遞的是這樣一個信號：當這段戀情不再適合你時，你要勇敢地放手。而放手，就意味著你要重回單身時的「孤獨」，要一個人看那漫天的暮雨朝雲，要一個人走在冷清的街道上，你有這樣的勇氣嗎？

小周和女友戀愛已經一年多了，女友比他小三歲，是他媽媽的好朋友介紹的。剛開始，小周就覺得兩個人並不合適，但在媽媽等人的催促下，他還是開始與女友交往。

一年多了，小周始終為這段戀情感到疲憊不堪，因為他和女友的差別太大了，無論是個性還是愛好，兩個人之間的差異都非常大。時間一久，兩個人每隔兩天就會吵一架。吵架過後，每次開口道歉的人總是小周，因為他不忍心看到女友那可憐的表情，最後還是和好了。

當雙方的家長催著他們結婚時，小周突然感到了一種莫名的恐懼：「就這麼結婚嗎？我和她能幸福嗎？」和小周一樣，有多少人在迷茫的愛情裡掙扎，明知道他（她）不能與自己分享快樂，也不能共度孤獨的時光，卻總是猶豫不決。

一段不合適的感情，就像一顆蛀牙。它曾經那麼美好，讓你在夢中也會笑出聲來。然而，隨著時間的推移，它已經發生了質變，讓你痛苦不堪。

這個時候，你面臨的選擇只有兩個：要麼現在分開，你會感到很心痛，畢竟他陪伴你度過了那麼多的快樂時光；要麼以後分開，而你的心會更痛。因為，現在不放手，你們的感情就如同那顆不治療的蛀牙，導致它不斷發炎直到不得不被拔掉。

我們忘了，當兩個人已經不合適了，勇敢面對和理智的決定才是對感情負責任的態度。而做出這個選擇的人，或許更需要擁抱和鼓勵。

曾記得，一個女友人向男友提出分手，心裡非常難過。那個晚上，電話響起，她講述著她現在的憂傷、痛苦和傷感，也回憶著過去的美好。

我問她：「既然分手讓妳如此痛苦，那又何必要提出呢？他不是一直在挽留嗎？」

她說：「我自己很清楚，現在可以挽回，但我不會去做。」

我不解的說：「妳是提出分手的那個人，在潛意識裡，分手這個結果是妳自己想要的，妳得到了自己想要的結果。相對而言，妳是一個勝利者，應該是得意，而不應該是痛苦。退一步，妳提出的分手，傷心的資格應該留給對方才對啊。」

她說：「相處三年了，努力地去相處，自己很清楚，雙方是不合適的。分手對於我們來說是正確的選擇，但是，這的確不是自己最初想要的結果。畢竟，我們都有了多年的感情，所以，很容易因為害怕面對分手的痛，扭曲自己去適應對方或為難為對方來說服自己。可是，用我們過去的美好做為藉口來麻醉自己忽視已經存在的問題，都只是暫時的掩蓋，不合適的人遲早是要分手的。妳說，是現在勇敢地去面對傷痛，還是只是把分手延後、痛苦加長呢？」

我沒有說話，因為我看到了她的勇氣，有面對現實和承擔傷痛的勇氣。我們總認為，提出者就是感情的勝利者，傷痛和被憐憫只是被動接受者的權利。事實上，感情本來就無所謂的勝利和失敗，只有合適和不合適。

戀愛本就是一個選擇的過程，如同穿鞋一樣，你總得挑選那雙合腳的鞋子，走路才會舒服。一雙不合腳的鞋子，看上去再養眼、再美觀，又如何？

在戀愛中，牽手並不代表成功，分手並不代表失敗。當這段戀情已經不能帶給你一點快樂和關懷時，勇敢地說分手才是你應該做的。你要知道，你只是失去了一次愛，失去了一個人，並沒有失去愛的能力，你還可以再去愛別人。只是，分手後的日子註定會落寞，也會孤寂。但正是這段孤獨的時光，才能讓你有時間來反省自己，看清自己，想明白自己應該找一個什麼樣的人，過一種什麼樣的生活。下一次，你就學聰明了，不會因為寂寞而急急忙忙抓住一個人，而是會尋找那個能夠與你的心靈相呼應的人。

從現在開始，一個人勇敢地唱著《單身情歌》，堅守著一個人的世界，去尋找真正的愛情吧！

勇敢地說分手

☆分手要選擇適當的時間提出。

分手之前要有周詳的考慮，儘量給對方一些準備的信號，讓對方有充分的時間進行心理的適應並參與決定。單方面決定就宣布，對他（她）來說是不公平的。

有一個女孩，在分手的當天晚上仍然和男朋友約會，當時什麼也沒說。回到家後，女孩卻打電話來說要分手，而這個男孩第二天就要參加公務員考試。

因為事先沒有任何信號，這個男孩一下子就崩潰了。因此，假如你要和他（她）分手，千萬不要這麼殘忍。

☆要承擔責任，顧及對方的感受。

主動提出分手的一方，要勇敢地面對，不可逃避責任；也不要說：「我們從來沒有愛過」來自欺欺人。這是非常不負責的，也讓他（她）受到的傷害更重。

分手時，要在顧及對方感受和尊嚴的情況下，真誠的、具體的講出為什麼要分手。不過，千萬不要用批評的態度，不要把對方的毛病都挑出來，比如說：「你就是沒有男子氣概」、「我忍受不了一個女孩這麼主觀，說話這麼凶」。分手時，仍要尊重和體諒對方。

☆分手要乾脆俐落。

既然做了決定，不要出爾反爾，行動不要拖泥帶水。有些人喜歡說：「我雖然不再是妳的戀人，還是可以做妳的哥哥」、「我們可以做好朋友」。這樣的話，不僅不利於分手，還將使痛苦延續下去，而且反映了你處理問題的優柔寡斷和不成熟。

此外，分手的初期最好不要見面。常見面的話，情緒就容易被挑起來。倘若你主動找機會去「見」對方，實在是在折磨雙方。

☆正視分手帶來的傷痛。

你要認識到，分手後的傷心難過是難免的。尤其是男性，不要否認、壓抑自己的情緒。人們常說「男子漢大丈夫，流血不流淚」，但就是因為男性不容易面對自己的失敗，該哭時不哭，所以就長久被情感折磨著，損耗自己的生命。分手了，就痛痛快快地哭一場，這種哀傷是需要一定時間和措施去處理的。

我們要承認自己在一個很大的情緒創傷中，需要休息，需要冷靜。但是，退隱不能久長，要儘快地調整自己的情緒，重新站起來。

21 學會扔掉雞肋才能得到幸福

朵朵今年二十九歲，在同一天，她失業了，還撞見了男友的「劈腿」。現在，一閉上眼，她就能看到幾年前和男友熱戀時的情景。那時候，朵朵從沒考慮過時間的壓力，青春無敵嘛。劈腿，那更是一個好遙遠的概念。可是，現在這些都活生生的發生了。快三十了，男友劈腿了，朵朵卻不敢分手。想起來又窩囊、又委屈。

朵朵問自己：「七年的戀情，食之已無味，棄之卻不捨。我該怎麼辦？」

和朵朵一樣，有一些女人，她們早已走過了最燦爛的時光，對鏡梳妝，眼前的女人再沒有曾經的靚麗容顏，也沒了最初傾國傾城的魅力。

時間，真的是一個女人致命的傷痛。當紅顏漸漸蒼老時，女人是否還有勇氣重來一回，扔掉那些雞肋呢？

如同朵朵，現在的不捨，恐怕是以後更大的不幸。因為，她現在捨棄的還只是一段感情，尚不必揹負太多的責任。如果她委屈自己，試圖繼續將就，等待她的將是一場更大的傷痛。

人生只有一次，將就另一半，不過是給自己的人生套上了一個厚重的枷鎖。想想，要和一個不適合你的人共度一生，你要付出多少熱情才能逢迎對方？表面看，這樣的逢迎會讓你求得一時的安穩，但是一個無愛的人生又是何等的慘白？那漫長的日夜，你又要如何安然度過呢？

你說，拋棄這份如雞肋般的愛情，代價實在太沉重。

可是，只要你有愛有心，只要你勇往直前，你就能獲得幸福。

在這一點上，著名電影演員胡茵夢的故事或許能給我們一點啟發。認識李敖之前，胡茵夢一直將他視作自己的偶像，「袋子裡放著李敖的書，覺得很前衛」。

兩個人開始戀愛後，沒有多久就結了婚。但是，這段生活並不像胡茵夢想像的那樣美妙。

胡茵夢曾這樣形容與李敖之間的愛情：「在我最不安、不知何去何從時，以為李敖會是我想像中的救贖者，他從以前在我心目中就是個傳奇。」

但是，李敖不抽煙、不喝酒、不聽音樂、不看電視、不打麻將，生活裡只有工作和工作。與李敖生活，胡茵夢除了深刻地感覺到他的自囚、封閉和不敢親密之外，還有他的潔癖、苛求、神經過敏以及這些心態底端的恐懼與對立。

比如，胡茵夢在家裡一向不穿拖鞋，喜歡自在地光著腳丫到處走，因此腳底經常是灰黑的。李敖對這件事的反應非常強烈，「灰黑的腳底」對他來說簡直就是一項不道德的罪名。

胡茵夢現在還記得，有一回她的「婦德」突然發作，想要下廚為他煮飯。但當她興高采烈地把排骨往開水裡一丟，正準備熬排骨湯時，李敖暴跳如雷的對她說：「妳怎麼這麼沒常識，冷凍排骨是要先解凍的，不解凍就丟到開水裡煮，等一下肉就老得不能吃了，妳這個沒常識的蠢蛋！」

他的暴跳如雷和言辭中的鄙視，讓胡茵夢覺得那一鍋的排骨湯比她的存在重要得多，於是一聲不響的回家了。李敖後來心軟了，把胡從世界大廈接回金蘭，兩人又重修舊好。如此來來回回的不知有多少次。

最終，個性的差異，讓這段婚姻只維持了一百天。勇敢地扔掉這段雞肋般的感情後，胡茵夢開始由憤世嫉俗轉向自省，告別崇拜他人的粉絲角色，告別男人的誇讚和追逐，開始尋找自己內在的創造力和生活價值。

「我為什麼要崇拜別人的文字、別人的思想？為什麼不去下工夫，活出你的思想跟你的才華？」於是，胡茵夢隻身去了美國。在美國的那段日子裡，她在紐約四十二街的一家小書店裡見到克里希那穆提的著作。「真的很奇怪，書店的最邊緣處擺滿了他的著作。我連他的照片都沒看清楚，就感覺被它吸引，隨手拿起他的傳記，翻開就看到一行英文：『觀察者就是被觀之物』，這句話是當時的我在佛法裡一直探索的一句話。然後我就站在那裡，一邊讀一邊掉眼淚。」

「然後我把他所有的書都買下來了，開始在紐約慢慢翻譯。在閱讀和翻譯的過程裡，我找到了人生的價值和道路。」

回國後，胡茵夢就開始翻譯克里希那穆提的著作。不久前，《南方週末》採訪了胡茵夢，她說：「二十多年的翻譯工作帶給我無限的喜樂，也帶給我價值的完成。當我把這個工作做完了，很盡心盡力翻譯出來跟讀者分享，而且也帶給某些在困境中的人一種出路。」

《南方週末》還採訪了胡茵夢現在的生活，「現在的胡茵夢，穿的衣服是自己親手做的，頭髮也是自己剪的，自己下廚房做一日三餐。除了翻譯、寫作、演講，辦讀書會，還參與所有的環保活動。她現在唯一的社會身份是『臺灣綠色消費者基金會』副會長，成功推動『地球日』活動，發動數萬人掃街，為搶救森林請命，四處觀察污染情況」。

曾經，胡茵夢視愛情為全部，為了所愛的男人可以把自己放得很低很低，當愛情變成雞肋時，她沒有選擇將就，更沒有委曲求全，而是扔掉雞肋，開始了一段全新的生活。她開始重新考慮人生的意義，走出了孤獨，重新尋回自我。

也許你會說，雞肋，即使嚼之無味，但餓得心慌的時候，還可聊以果腹，所以棄之可惜。可是，雞肋一樣的愛情，早已失去了往日的激情與甜蜜，雖然心頭仍存一絲眷戀，但對於女人來說，最輸不起的就是時間，怎能讓這樣的愛情填滿了青春的保鮮期呢？

所以，無味的愛情，女人當棄之不惜。徘徊在情感十字路口的女人，請走出那個讓人心傷的憂鬱之地，給自己一片明媚的嚮往。

從頭再來，不需要思考太多，因為只有自己義無反顧的爭取才會幸福，即使一個人在漫漫長夜中。

拋掉雞肋，過自己的生活

☆要相信離開他，妳也能過得很好。

女人是感性的，愛上一個男人就把他當成了自己的全部，以為今生今世再也離不開他，唯有他陪在身邊才能打發那一個個漫漫長夜。

然而，妳不是他身上寄生的那株藤蘿，他也不是可以為妳遮風擋雨的大樹，你們只是相對獨立的兩個個體，誰離了誰，都能存活，差別在於生活的形式有所不同。

☆早放棄，才能早幸福。

也許，他的出現，是一場再及時不過的救贖；他的存在，是一種無時無刻的偎依。可是，後來的妳恍然醒悟：原來他不是妳要的那種男人，他也不是妳可以相守一生的那個男子。

這個時候，妳要明白：早放棄，才能早幸福。千萬不要因為害怕年齡的蒼老，而將就一個男人，甚至將就一段婚姻。到那個時候，妳付出的代價更大，得到的痛苦更多。所謂雞肋，越早放棄，才越有機會尋覓新的幸福。

☆一個人的孤獨會讓妳更成熟。

扔掉雞肋後，妳會經歷一段感情的「空窗期」。在這段時間裡，妳有足夠的空間與時間去獨處，與自己交朋友，在夜深人靜時與自己對話。

最初，妳會傷心、難過，為那種無邊的孤寂而害怕。漸漸的，妳會發現妳的心情越來越平靜，生活一如往常，工作也按部就班。與此同時，一個人的獨處，讓妳對感情的認識也更加理性。縱然時光一天天流過，妳的心也不再惶恐，因為妳已經學會了與孤獨相處，感悟到了孤獨的力量。

第五章 在孤獨中解脫，在孤獨中幸福

——放開手才能活得更好

在現實生活中，總有這樣一些人，他們有的是在人生路上遇到了一些的挫折，因而埋怨命運不公平，或者痛恨世態炎涼，認定自己就是一個「獨行者」；有的認為自己懷才不遇，交不到知心朋友，得不到別人的理解，也不想去理解別人，乾脆把自己「封閉」起來；也有的人極力追求物質上的東西，認為這樣能讓自己不再「孤獨」，而最終卻大失所望。

人與人的境遇各有不同，但結果卻相差無幾：每個人都把自己置身於孤獨感的控制之下，陷入無邊的傷感中，幸福自然無從談起。

其實，很多時候，孤獨不是因為你擁有的太少，而是因為你擁有的太多，因為你太想抓住一些東西，到頭來反而錯過了那些美好的東西。

要想在孤獨中解脫，在孤獨中幸福，我們就要學會放開手，放下自我，把自己融入人群之中，在人群中發現自己的價值，捨掉那些你很看重的東西，孤獨感就不復存在了！

22 之所以害怕孤獨，是因為沒有放下

那天打開電視，看到一個心理訪談的節目，嘉賓是一位心理學家，正在為一個年輕人解答疑惑。

主持人介紹說，這個年輕人來自一所知名大學，家境優裕，是個獨生子。當嘉賓問這個年輕人有什麼難題時，他一臉愁容的說：「最近一段時間我感覺心緒很亂，精神狀態也不好，都快要發瘋了，就是擔心期末考試時有的學科不能過關，可是現在每天都學習不進去。」

「看得出你現在很焦慮，是什麼原因使你的心情不能平靜下來呢？」嘉賓問他。

「我最主要的問題是人際關係不好，不會處理與同學的關係。到大學後，老師指定我當班長，因為我沒有什麼經驗，上學期壓力很大，在工作中與其他幾位班幹部關係緊張，

尤其是男生幹部。現在，不僅男生幹部不接近我，就連其他男生也不願接近我，使我感到很孤獨，也很自卑。」

年輕人停頓一會兒，又接著說：「有一段時間我因生病不能去上課，開始時同寢室的同學還能照顧我的生活，當我剛好了一些，就沒有人管我了。我不能去上課，只能在寢室看書，可是當某科老師講課的內容有所增加或是讓學生寫論文時，他們誰也不告訴我。上共同課時沒有人願意與我坐在一起，下課時都找些理由先走，而不與我一起走。」

嘉賓點點頭說：「我能感到你真的好孤獨。你覺得問題出在哪裡呢？」

只見年輕人不假思索地回答：「是他們聯合起來孤立我，不主動找我說班級裡工作的事。」

嘉賓笑著問他：「你的意思是，希望別人能主動找你。可是你是班長，你主動找過他們嗎？」

「也找過，但我覺得他們應該主動找我。」

「看來，你特別希望別人主動。我想知道，上共同課時，你有沒有主動去與其他同學坐在一起，下課時主動與其他同學一起走呢？」

「沒有。」年輕人幾乎一點都沒猶豫地說。

「你是否主動問過其他同學關於老師上課的內容和寫論文的事？」嘉賓又問。

「他們怎麼就不能主動來告訴我呢？」

主持人在一邊說：「我注意到了，這是他第三次強調希望別人主動了。作為一名大學生，他好像不知道人際交往是雙向的。」

嘉賓點點頭，反問他：「為什麼？就因為你是班長嗎？」

「是的。」

「那麼，當班長對你來說意味著什麼呢？」

「我想是大家都圍著我轉。」

「噢，在你的學習和生活中，你希望其他的同學圍著你轉。聽上去，這種關係好像不太平等啊！我不知道你對其他同學有沒有尊重？有沒有關心？」嘉賓問。

「不夠尊重，因為我與其他同學都發生過衝突，也沒想去關心他們。」

他想了一會兒，又說：「我在與他人爭論時總想讓他人服從我的想法，在某項活動中，讓他人看到我很強。所以有個同學對我說，你什麼都想爭第一，你長得又帥，經常與女同學交往，誰還理你呀！」

「聽同學這麼說，你有什麼感受？」

「我很難過的，又覺得他們是嫉妒自己。」

「是別人嫉妒你，還是你太希望別人崇拜自己，圍著自己轉？班長這個角色對你來說意味著什麼呢？」

他沉默了一陣子，說：「班長這個角色應該是為同學服務的，當然也是鍛鍊我自己的。」

嘉賓點了點頭說：「很高興你能這麼想。不知在和同學相處的過程中，你是否意識到，雖然你是班長，但你與其他同學一樣，也是一個普通的學生？為什麼不放下班長的架子，去和同學們友好相處呢？這樣一來，結果會不會與你今天的處境有所不同呢？」

「我想可能會有所不同。」

在節目的最後，嘉賓告誡這個年輕人：「我相信你只要明白了這一點，就完全有能力找到與不同層面的同學，包括學生幹部、普通同學、男同學、女同學，進行良好溝通的方法，也能夠得到同學的接納和喜愛。人際交往中的困難擺脫了，你就能更好地應付學習，在期末考試時過關，並取得好的成績。」

這個年輕的大學生點點頭，表示自己回去後會努力去做的。至於結果如何，我們就不得而知了，但有一點是顯而易見的，倘若他不能真正放下班長的架子，放下那個高高在上的「自我」，那麼他的人際關係是很難得到改善的，他的孤獨感也只會更深。

很多時候，我們對自己不如意的處境總是想不明白，又無力去改變，內心就會非常困惑，就會越來越沒有力量，內心就會感到十分孤獨。而空虛、孤獨，這都是自我中心的表現；孤獨、孤獨感，都是我們自我保護的結果。

因為有孤獨感，所以就想去逃避孤獨；因為逃避，我們更加害怕孤獨；最後，我們陷入了一個惡性循環中，始終擺脫不了孤獨感的糾纏。

時下，很多年輕人都感到自己很孤獨。表面上，他們衣著光鮮，有著體面的工作，但他們總感覺自己的內心世界和現實世界是完全分離的。即使經常出入各種聚會，置身於各種熱鬧的場合，和別人的接觸很頻繁，他們的內心還是會感到一種孤獨。

這個時候，他們就會感到更加困惑：為什麼我會如此孤獨？為什麼這個熱鬧的世界在我眼裡是如此冷清？

事實上，正是他們自己對自己的執著造成了孤獨的感覺。只有放下自我，才能發現別人的存在，進而發現別人存在的價值。

當我們只是想著自己的感覺和想法時，對外界就失去了觀察力，就會陷入自我狀態中。時間長了，自然會處在一種孤獨的狀態裡。

如果你對這種孤獨的狀態習以為常，那麼就會更加無視別人的存在，無法意識到他人存在對自己生命的價值，尤其是對自己生命提昇的意義。

所以，要想消除孤獨感，就要放下自我，放下對自我的執著，包括自己的感覺、情緒、觀念、想法。

當然，做到這一點並不容易，但只要你努力，必定會有所收穫，而不是一個人在孤獨中掙扎。

放下得越多，孤獨感越少

☆樂觀生活，拿得起，放得下。

生活中總會出現一些不順心的事，倘若你總是耿耿於懷自己的得失，難以達觀處世，那麼孤獨感就在所難免了。因此，面對生活中的挫折，我們要及時放下，把目光放得長遠一些。畢竟，生活有它自身的發展規律，不會因為人的主觀願望而發生轉移，更不會因為人的消極迴避、等待而自然而然的變好。

☆嘗試關心別人、信任別人。

當你感到孤獨的時候多半也會感覺空虛、難過和壓抑。如果你在一個有很多人的環境中仍然感覺孤獨，那麼這種孤獨才是最讓人感到難過的。但是，一旦你打破這種局面，衝出這個牢籠，一切就能夠變得美好起來。

你可以去嘗試著關心他人，為他人著想，為他人做點什麼，這樣不僅能讓你充實起來，更能夠讓你得到他人的回報而感覺自己不是孤單的一個人。因為，你們是互動的關心對方，能夠讓對方感覺到友誼的溫暖。

信任別人也一樣，你會發現你交上了一個知心的朋友。如果這種信任是可靠的，那麼你就會感到非常快樂。

☆多和朋友交流。

走出自己封閉的世界，多和外界交流，和朋友聯繫，這樣你會發現自己還在這個現實的世界裡，在與時俱進，在和別人同步。

多聯絡你的朋友，和他們交流感情，會讓你感覺到關心和溫暖，讓你感覺這個世界原來沒有那麼冰冷，其實你並不孤獨，還有很多人在關心、愛護著你。

需要注意的是，不要等到自己感覺孤獨了才想起你的朋友，才去向他們索取溫暖，而是應該在平時就多互相關心，保持友誼。

23 人生的減法比加法更重要

時下，很多人習慣了過一種加法甚至乘法的人生，就是希望什麼都更多、更好。存款，越來越多；工作，越來越好；職位，越來越高；房子住更大的，車子換更豪華的，總之是慾無止境。

然而，很多人在「加法生活中」反而會有一種迷茫的心情：花了很大的力氣去追求這些東西，表面看來該有的都有了，可是，怎麼沒有變得滿足和快樂？

在電視劇《奮鬥》中扮演米萊的青年演員王珞丹，曾經就是一個熱衷於加法生活的人。在她的同班同學中，王珞丹算是事業開展比較順利的，一直就沒斷過拍戲。那幾年時間裡，她在工作上特別拚命，拍戲、拍廣告、拍MV、配音、主持，什麼工作都接，為此在同學中得了一個「女超人」的綽號。

此外，她還熱衷於參加各種聚會、晚宴，認識了很多名流。最誇張的時候，她一個晚上要穿梭於好幾個聚會，到一個地方喝杯酒，寒暄幾句，然後再轉戰另一個地方。照理說，她的生活已經非常豐富了，可是她卻感到一種莫名其妙的孤獨，一刻都不能閒著。只要閒下來，她就會心裡發慌，坐也不是站也不是，總有一種禍事要發生的感覺，莫名其妙地想哭，想找個人說話。可是當她翻遍了自己收集來的三大本厚厚的名片簿，卻發現沒有一個人是可以深談的。

她突然覺得這樣的生活太可怕了，更可怕的是她開始失眠，身體各方面都有反應了，整個人迅速消瘦下去，皮膚也變得粗糙，經常一陣一陣的心跳。她知道自己該歇一歇了，可是她身在江湖，就像童話裡穿上紅舞鞋的那個女孩一樣，停不下來，一停下來就害怕，不知道該做些什麼。

這時，一個朋友的一句話提醒了她：「妳這個毛病是現代人的通病，慾望太多，整個人也變得焦慮了。妳要試著過減法生活，才能讓自己活得更輕鬆。」

因為朋友的點撥，王珞丹開始「減法生活」。在物質上，她開始「從簡」，不再追求別墅、跑車，衣服、化妝品也開始從簡。有時間時，她經常自己在家做飯，順便DIY一個面膜，既健康又經濟。

對金錢沒有了那麼多渴望，她的心態也開始變得平和。在事業上，她不再像以前那樣什麼角色都接，而是只接自己心儀的好角色。這樣一來，她就有了更多的時間陪伴家人，帶父母去旅遊。看著父母親滿足的樣子，她感覺特別欣慰。

同時，她扔掉了那三大本名片簿，和以前的老朋友都恢復了聯繫。閒暇時，約幾個知己喝喝茶聊聊天，讓她感到特別放鬆。

現在的王珞丹，再也沒有了以前的那種孤獨感，生活得充實又精彩。她迷上了爬山，天氣好的時候，一個人去爬香山。爬到山頂，看看山腳下的北京城，心裡特別舒暢。她開始熱心公益，經常會去北京市「兒童希望之家」當義工，買些玩具和食品去看望那裡的孩子們。

在事業上，當她懷著一種「寧缺毋濫」的心態面對的時候，她發現自己有了更廣闊的空間。因為心靜了，因為閒了，她可以更好地體味、貼近和雕琢角色，刻畫的人物就會生動而有質感。

再回頭，王珞丹深有感觸地說：「重新整理自己的生活，用減法來生活，我發現一切都變了，變得輕鬆，變得輕盈，連臉上的五官都舒展開了，不像以前那樣總是不快樂、兩隻眼睛中間總是鎖著一個大疙瘩。用減法過生活，就不那麼趕了、不那麼忙了。時間一久，我發現自己並沒有失去什麼，相反，我的生命行囊裡有了更多更美的收穫。」

對那些在「加法生活」中備感孤獨的人們，王珞丹的親身經歷說明：用減法過生活，把那些不必要的慾望和忙碌減掉，讓生活空出縫隙才能呼吸，呼吸自如的生活才是最時尚最豐富的生活。眼下，很多年輕人都有一種厭世的想法，覺得活著沒意思。天涯網做過一個調查：「如果可以選擇，你會選擇來到這個世界上嗎？」

結果，九八%的人選擇不願意。我想，主要原因就是我們的慾望太多了，慾望帶來壓力，壓力帶來各種生理和心理問題，孤獨感也就在所難免了。

生命是禮物，上天把這個禮物送給我們，是讓我們享受而不是讓我們跋涉一段艱苦的旅程。你的生命究竟是禮物還是苦旅，完全取決於你對待生活的態度。

存在主義哲學有一句名言就是：「擁有就是被擁有」。即一個人擁有的越多就越不是他自己，因為一個人擁有的越多，就越沒有時間做自己。

由此可見，擁有的東西太多時，人的生命內涵以及注意力也就分散了。最後反而會被擁有的東西所擁有，變成擁有物的奴隸，以致精疲力竭，喪失人生的意義。

其實，人生的減法比加法更重要。你放棄的越多，你得到的就會更多。古語說：「禍莫大於不知足，咎莫大於欲得」，意思就是災禍沒有比貪得無厭更大了，過失沒有比貪得無厭更嚴重了。這是勸導人們要知足、節制，其實質上是說人生需要減法，也就是說人需要放棄。

實踐減法人生不但可以得到更多的幸福，也可使人生免災。歷史上，謀士張良歷盡艱辛幫劉邦奪取了天下，他功高蓋世，照理說最有資格接受封賞，可是他卻毅然辭官不做，歸隱山林，享受淡泊的人生樂趣，得以安度晚年。而韓信也是戰功赫赫，但他對人生的期望值很高，拚搏於官場，最終卻丟了性命。

學會適當的放棄，就是找一個可以感動自己生活的地方，有時間讓自己慢一點，靜下來好好享受生活。人生更需要減法，我們更應該學會享受減法人生。遠離名利，看淡成敗，安於淡泊。減去一切不必要的背負，讓人生變得輕鬆，剪去多餘的枝蔓讓心靈變得自由而乾淨。這樣，我們才能在孤獨中解脫，讓自己體會到生命的多采多姿！

減掉那些多餘的東西

☆用心生活，但不要把自己變成物質的「奴隸」。

名牌的衣服、豪華的車子、漂亮的房子……這些都是我們追求的物件，但不是我們必須擁有的東西。生活的本質在於合適和舒服，而不是一味地追求那些身外之物，讓自己的心靈在過多的慾望追求中變得孤獨，變得焦慮不堪。

☆追求完美但不苛求。

有些人對待工作總是追求過分的完美，還把這種標準擴及同事、下屬身上，甚至事事親力而為，結果把自己搞得疲憊不堪，工作效率也難以盡如人意。

這個時候，要學會減掉那些多餘的東西，可以追求完美但不能苛求，寬容對待同事或者下屬工作上的瑕疵，學會與同事、下屬共同承擔和分享，那樣你才能體會到真正的成就感。

☆珍惜知心朋友，而不是熱衷於各種PARTY。

各式各樣的PARTY固然熱鬧，也給了你結交新朋友的機會，但有幾個人是可以深交的呢？在你們交換名片的那一刻，恐怕你就忘記了他（她）的長相。

從現在開始，要學會對不感興趣和無謂的應酬說「不」，因為真正的友情是病床前的一束鮮花或一句問候，是失落時給予你的那個肩膀或一句「我懂」，沉澱下來的才是精華。

24 越是孤獨越要置身人群

小雪沒想到，她的大學生活居然會變成這個樣子。去年九月，她來到這所學校報到。最初，看著美麗的校園，小雪心裡是說不出的高興。那個時候，天空很藍，心情很好。她想像著，自己將要在這裡度過快樂的大學生活，能學到很多東西，能留下很多美好的回憶。

一年多了，小雪不僅沒有享受到大學生活的獨特之處，反而感到一種前所未有的孤獨。她來自山裡的一個小村莊，那裡貧困落後，沒有一丁點現代化的氣息。因為貧困，她很少和同學互相交往，一直獨來獨往。

但是，她不喜歡這樣的生活，她想和同學們嬉鬧融洽的一起生活。她希望在大學裡，她可以改變以往獨來獨往的生活，她對生活充滿了希望。

入學半個月時，小雪和舍友們慢慢熟悉了。漸漸的，大家的缺點、毛病也一個個地暴露出來，其中最讓小雪難以忍受的就是每天晚上舍友們之間的「夜談會」。

在家裡，小雪習慣了按時休息、學習。可是這半個月來，她幾乎沒好好地休息過。不是她不想，而是宿舍太吵了。前兩天，她還可以忍受，可是舍友們越來越過分，每天晚上都要鬧到半夜一點，興致來了還要大喊大叫。

這天晚上，幾個舍友又扯開嗓子說這個明星，談那個新聞。小雪實在忍不住了，就說：「早點睡吧，明天還要上課呢。」幾個舍友正說在興頭上，根本聽不進去，繼續高談闊論。小雪實在忍無可忍了，便吼道：「妳們鬧夠了沒有，妳們不想睡，我還想睡呢。我都被妳們弄瘋了，妳們知道嗎？每天都這樣，妳們煩不煩呀。」

講話聲立即停了下來，宿舍裡一片寂靜。舍友們震驚了，因為她們平時所見到的小雪總是沉默寡言的，說話柔聲柔氣的，從來沒見她這樣過。本來，她們看小雪就有點不爽快，有了這一次的爭執，她們更看她不順眼了。

從那以後，只要舍友們晚上吵鬧時，小雪乾脆找個藉口跑出去，一個人坐在草地上，看天上的星星。這樣做，雖然讓她避免了與舍友們的口角，但卻讓她感到更加的孤獨，因為舍友們的談話她根本不參與，也不知道她們都在關心些什麼話題。

此外，小雪又是一個生性高傲的人。雖然她來自農村，但她在城裡人面前從來沒自卑過。相反，她看不起那些拿父母的錢來學校炫耀的同學。雖然她很窮，沒有時尚的衣服穿，但是她有一顆高傲的心。何況，小雪也有她高傲的本錢，那就是她的學習成績和辦事能力。她的成績在班裡是數一數二的；她的能力表現，無論是在老師，還是同學托她做的事，她都能夠出色地完成。

儘管如此，小雪與同學間的交往卻少得可憐。上課的時候，她雖然坐在同學之中，但還是覺得孤獨。看著她的同學，一個個都興高采烈地在那裡聽老師講課，只有她一個人，人在教室，心卻不知飛到了哪兒。

下課了，同學們三五成群地走出教室，說笑的說笑，談天的談天。只有她一個人愁眉苦臉，一聲不吭地走出教室。其實，她很想和同學聊一聊，但她的同學一看到她那一副愁容，就不想答理她了。

現實中的生活與想像中的差距太大，讓她感到失望，小雪越來越覺得孤獨了。很多時候，小雪一個人傷感地望著天空，想念著遠方的家鄉，自言自語：「為什麼大學生活會如此孤獨呢？為什麼我一點都不快樂呢？為什麼同學們都這樣對我呢？」

小雪的故事讓我想起了網路上流行的一句話，「是不是人越長大就會越感到孤獨呢？」也許，人的確會隨著時間的推移逐漸產生一種強烈的孤獨感。而小雪身為大學生，做為一個高度精神化的群體中的一員，在離開了自己熟悉的人和家鄉以後，面對一個陌生的環境，就會感受到更多別樣的孤獨。

事實上，伴隨著社會的變遷，從群居到獨居，每個人會產生更多的孤獨感—周圍都是陌生人，缺少了熟人之間的相互照應，任何事情都需要靠自己解決，得不到相對的關懷。這樣一來，心理上的空虛不斷地擴大再擴大，孤獨也就隨之不斷地加深再加深。

這個時候，人的內心就會越來越渴望給自己找個「伴兒」，尋找更多的朋友，建立一個新的生活圈子。

對小雪來說，在大學裡多結交朋友是戰勝孤獨的一個好辦法，但她卻做不到這一點，問題又出在什麼地方呢？

表面上，小雪似乎融入了同學之中，但她卻沒有把自己「置身」於群體生活之中，凡事只是從自己的內心感受出發，做出了主觀的判斷，以至於在處理舍友們的「夜談會」問題上態度粗暴，直接阻斷了與舍友間的良性溝通。

同時，她以自己的處事標準去看待周圍的同學，自身的優秀又讓她把自己放在了一個高高在上的位置，難以與同學們「平等」對話，結果讓自己變得更加孤獨。

其實，無論是小雪這樣的大學生，還是初入社會的職場新鮮人，都會面臨這樣的情況。這個時候，要想讓自己從孤獨中解脫，就要走出個人的小天地，置身於人群中，投入到豐富多彩的團體生活中去。

曾經有人這樣問著名心理學家巴達斯小姐：「哪些是人類今天最基本及最深切的心理需要？」

巴達斯回答說：「人類需要愛，但這不限於男與女之間的愛，從心理學家的觀點看來，好人永遠是快樂的。」

這就告訴我們，脫離人群，是無法得到愛的。如果你把自己禁錮在孤身獨處的牢籠裡，得到的只有孤獨而不會有快樂。這就像一滴水，孤獨的滴在石頭上只能嘆息著消失，而滴在海裡則可以永遠奔騰。

當然，要戰勝孤獨，關鍵還是要有充實自我的精神。只有當自我的精神不斷得到充實時，空虛感才會減少，而孤獨，才會變得不那麼可怕。

鼓起勇氣置身於人群中

☆多為別人著想。

你既要看到自己是獨一無二的人，又要看到自己與其他人一樣，都是凡人。你的喜、怒、哀、樂，別人也都曾有過。

也許你的考試成績不盡如人意，也許你與某位同學發生衝突，這對你都是煩心事。但你應當想到，這些事情同樣都有可能發生在別人身上，而且時時刻刻都會發生。

因此，不必過於留心自己的體驗，不以物喜，不以己悲，凡事要想開些，看淡些。不要總是糾纏於自己的情感與想法，要努力向外部世界伸展，外面的世界是很精彩的。

☆培養樂觀的情緒。

要積極培養一些有益身心健康的個人愛好，比如打籃球、游泳、健身或參加一些社交活動，與別人一起活動，就會使你找到自己所需要的同伴。

努力參加團體活動，成為團體中的一員和他人一起分享快樂，一起分擔責任和痛苦。

當然，這對有些人來說是不容易做到的。但是，一旦你鼓足勇氣去參加一個活動，你就會找到使你感興趣的東西，還會發現一些你所喜歡的人，友誼也就隨之而來，孤獨便隨之而去。

☆敞開心扉，走向與別人分享。

分享是人生的寶貴財富，更是一種難得的心理滿足。當你的喜、怒、哀、樂被別人分享時，就會感到喜上加喜，悲傷也會大大減少。同樣的道理，當你分享別人的各種情感時，別人同樣會產生莫大的心靈安慰，而你自己也從中得到了精神的滿足。如果你不能超越自己的孤獨，就會變成精神的自戀與自我封閉，會變得固執自封起來。

其實，孤獨與分享從來就是統一的，不能截然分開，而兩極相通從來都是事物的規律。只有從分享走向孤獨，才會體驗孤獨之深沉；只有從孤獨走向分享，才能由衷感到分享之美好。

一個從來不知分享的人，便永遠體會不到孤獨的真正內涵；而一個不知孤獨的人，也必然不懂分享的樂趣。

因此，要正確面對自己的孤獨，不要視其為心理負擔；同時要勇於超越自己的孤獨，學會與人分享，把你的關懷、你的愛，投向周圍的人，從而戰勝自我。

25 至少還有「你」

「來這個城市半年多了，我連一個知心朋友都沒有，滿肚子心裡的話都不知道要和誰說！」

「現在這年頭，想交個朋友太難了，翻開手機通訊錄，看著人不少，但卻沒有一個是可以深談的！」

「週末想找個朋友聚聚，可是別人不是加班就是約會的，我一個人做什麼都提不起勁來！」

「每天回到家，我感到一種前所未有的孤單，燈下只有我一個人的身影，多麼希望有個朋友陪在我身邊啊！」……

有家雜誌社發起的市調活動，主題就是「朋友」，而讀者們的來信不約而同的抱怨著自己沒有朋友，一個個孤孤單單，獨來獨往，由此衍生了一個新話題：「為什麼朋友這麼難找？」

這的確是一個問題，但並不是一個難以解決的問題。我們常常苦尋著一個朋友卻忽略了生命中最重要的一個朋友，那就是你自己。任何時候，至少還有「你」，至少還有「你」陪伴自己。

已故女作家三毛有一句話：「知音，能有一個就好了，不必太多，如果實在沒有，還有自己，好好待自己，跟自己相處，也是一個朋友。」

的確，跟自己相處是一個很好的選擇。自己做自己的朋友，像朋友一樣善待自己，就擁有了一個形影不離的朋友，就挽住了與同伴的歡愉。

大多數的時候，我們多半是別人的朋友，盡朋友的責任、義務和愛，與朋友同舟共濟，卻很少想到做自己的朋友，善待自己，關懷自己，珍愛自己。

記得曾在報紙上看過一個小故事：男主角大學畢業時，離開老家南下打工。初到異地，人地生疏，心中頗為孤單。

那個夏天的一個黃昏，他站在窗前，看著周圍的樓群裡遠遠近近亮起一盞盞溫黃的燈，心中備感失落。他想像著，在那些燈光下，別人正開心的生活著，而他卻一個人孤零零地坐在小屋裡，如同油畫中的一個靜物，生活是多麼不公平啊。

那個時候，他特別希望有一個人走進這間小屋，說一句關心的話。哪怕是一個陌生人也好，只要他敲響房門，也會打破籠罩在他心中的孤寂與尷尬。

他在小屋裡坐了好久，後來，他甚至把房門大大的敞開。但是，自始至終也沒有一個人進來。四周的牆壁被屋頂上的燈照得很亮，牆角的小蟲唧唧呢喃。

突然，一個嶄新的念頭恍恍惚惚地閃現，獨自在外，舉目無親，為什麼不做自己的朋友呢？

這個奇異而美妙的構思劃過心扉，在一剎那間給了他一種全新的感受。他突然發現，做自己的朋友，用默默無語的力量來鼓勵自己，竟然是一種妙不可言的幸福和喜悅。

從那以後，無論他是站在陌生的街頭上，還是坐在自己的小屋裡；無論是獨自在公園裡散步，還是置身於熱鬧的人群中，他都發現做自己的朋友，反而能帶給自己一種獨處的安逸。

他發現，做自己的朋友，是一種聰穎和智慧的處世方式，也是一種樂觀和灑脫的活法。說穿了，是把心的一部分交給自己，把愛的一半留給自己，把自己的滄桑苦難、浮生慨謂、紅塵心事一股腦兒全倒出來。然後，傳遞心靈的蘊藉和含蓄以及默默無言的關愛，從而撩撥自己興趣的一種動勢。

在文章的結尾，他寫道：「做自己的朋友，在這個過程中感覺到的激動與興奮，與那種與別的朋友在一起時的激動與興奮是不可與之同日而語的。」

確實，人生在世不能沒有朋友。在所有朋友中，不能缺了最重要的一個，那就是你自己。缺了這個朋友，一個人即使朋友遍天下，也只是表面的熱鬧而已，實際上他是很空虛的。

著名作家周國平說過，一個人是否是自己的朋友，有一個可靠的測試標準，就是看他能否獨處，獨處時是否感到充實。如果他害怕獨處，一心逃避自己，他當然不是自己的朋友。

有人問斯多噶學派的創始人芝諾：「誰是你的朋友？」他回答：「另一個自我。」這也說明，能否和自己做朋友，關鍵在於有沒有芝諾所說的「另一個自我」。它實際上是一個人的更高的自我，這個自我以理性的態度關愛著那個在世上奮鬥的自我。

理性的關愛，這正是友誼的特徵。有的人不愛自己，一味自怨，彷彿自己的仇人。有的人愛自己而沒有理性，一味自戀，儼然是自己的情人。在這兩種場合，更高的自我都是缺席的。

因此，從現在開始，我們要告訴自己，至少還有「你」陪伴你，至少還有「你」是你最忠實的朋友。

當你感到孤單時，「你」要告訴自己：「在這個世界上，有些路註定是一個人去走的。」當然，這個世界上有關心你的親人，期待你的朋友，你並不孤單，同時你要勇於「為了理想飲盡那份孤獨」。

當你一時衝動而忘乎所以時，「你」要敲打自己：「人生漫長，青春易逝，切記把握，切記珍惜。」

當你遇到挫折時，「你」要鼓勵自己：「不經歷風雨怎麼見彩虹」。「你」要不斷勉勵自己，只要你不斷努力，生活終不會負你，即使「生活欺騙了你」，也要相信快樂的日子很快就會到來。

當你萬分失落，期盼著別人的關心時，「你」要提醒自己：「別人的關心只是一時的，只有自己內心的振奮，才會產生持久的動力。」

任何時候，都要記住，你並不孤單，因為有這樣一個朋友陪在你身邊，有這樣一個朋友在幫助你、引導你，你必定能擁有一個屬於自己的舞臺，讓每一天都過得多采多姿！

做自己的朋友

☆經常讓「你」與自己進行心靈對話。

失意時，落寞時，讓「你」來安撫自己，鼓勵自己，引導自己，愛自己，接受你不能改變的東西，原諒你犯下的小過失。

只有這樣，你才能讓慌亂的心緒擁有一份心靈的平靜。

☆與「你」一起享受生活。

一個人時，與「你」一起聽聽自己喜歡的音樂。音樂可以使人心情放鬆，在愉悅的氛圍中忘了那些不愉快的事情。轉移視線，達到平衡心理的功效。

此外，可以養花種草，親近寵物。比如飼養貓、狗、鳥、魚等一些小動物，或者試著栽植花、草、果、菜等，這樣不僅能起到排遣孤獨的作用，還能讓你感受到生活的美好。

在生活中，與「你」一起挖掘一些普通平凡的樂趣，比如自己親手做一頓飯，自己隨音樂翩翩起舞，為自己選一件美麗的衣服，或是重新佈置自己的房間。只要你用心去做，都能夠找到其中的樂趣，讓你感到輕鬆和充實。此外，還可以去旅遊，去海邊吹風，去山頂看日出……大自然的美麗會讓你感動。

☆樹立一個遠大的目標。

給自己樹立比較遠大的人生目標，有了目標就要努力的實現它，這樣你的生活就會變得充實而富有色彩和目的性。

從某種意義上說，一個知道自己活著是為了什麼，有所愛，並懂得去追求的人，是不會感到孤獨和寂寞的。

26 首先捨掉最難捨棄的

人生在世，總有一些東西讓人們為之癡迷，金錢、名利、地位等，很多人，窮其一生都在追逐著這些東西，把它們視為人生的全部。

其中，有些人比較幸運，他們得到了很多，但與此同時他們卻並不滿足。因為，他們總擔心自己會失去到手的東西，認為自己得到的還很少，覺得自己還應該更加努力才能得到更多。

此時，他們又倍感孤獨。華燈初上時，他們長吁短嘆，找不到一個人來說心裡話，內心的擔憂和孤寂無人可分享。

「孤獨、孤獨，為什麼我會如此孤獨呢？為什麼我體會不到幸福的感覺呢？」

對這個問題，美國一代石油大王約翰・洛克斐勒早已給出了最好的答案，那就是捨掉最難捨棄的東西，你才能從孤獨中解脫，獲得真正的幸福。

身為美國標準石油公司的創辦人，洛克斐勒在短短的幾十年的時間裡，就積累了驚人的財富，成為舉世矚目的大富豪。

洛克斐勒的成功，與他對金錢的狂熱追求是分不開的。早在二十三歲時，洛克斐勒就開始全心全意地追求他的目標。

他的一位朋友曾說：「除了生意上的好消息以外，沒有任何事情能讓他展顏歡笑。」

每一次，當他成功的做成一筆生意，賺到一大筆錢時，他就高興的把帽子摔在地上，痛痛快快地跳起舞來。如果失敗了，那他也隨之病倒。

有一次，他經由五大湖托運價值四萬美元的穀物，沒有投保，因為保險費太高了，需要一百五十美元。

那天晚上，暴風雨襲擊伊利湖，洛克斐勒十分擔心，害怕他的貨物遭遇不測。第二天早上，當他的合夥人喬治·加勒來到辦公室時，發現洛克斐勒正繞著房間焦急地踱步。

「快」，洛克斐勒發抖的說，「看看現在是否還可以擔保，如果不能的話，就太遲了！」

加勒趕快衝到城裡去，取得保險。當他回到辦公室時，他發現，洛克斐勒的情況更糟了。這時，正好有一封電報來到。貨物已卸下，未受到暴風雨襲擊。但洛克斐勒反而比先前更沮喪，因為他們已「浪費」了一百五十美元！他太傷心了，不得不回家去躺下來。

那個時候，洛克斐勒的公司每年經手五十萬美元的生意，而他卻為一百五十美元如此失魂落魄，甚至因此而病倒。平時，洛克斐勒根本沒有時間遊玩，沒有時間休息，從未去過戲院，從沒玩過紙牌，從來不參加宴會。除了賺錢和上教會之外，其他時間全沒有了。

每天晚上，他都要提醒自己「成功也許只是暫時性的」，然後他才躺下來睡覺。當他手上有了數百萬美元可以任意支配時，他仍然擔心失去一切財富。

他對人類天生沒有絲毫信心。有一次，當洛克斐勒和一位獨立製造商簽訂十年合約時，他要求那位商人保證，不得告訴任何人，甚至連他的妻子也不行。

「閉緊你的嘴巴，努力工作」，這就是洛克斐勒的座右銘。洛克斐勒的職員和同事則對他敬畏有加。最好笑的是，洛克斐勒竟然也怕他們，怕他們在辦公室之外亂講話，「洩露了秘密」。

正因為這樣，在人們眼裡，洛克斐勒是一個「缺乏幽默感和安全感」的人，因為他的過分冷漠和多疑，很少有人喜歡他。摩根有一次大放怨言，聲稱不願和洛克斐勒打交道，並且說：「我不喜歡那種人。」

而洛克斐勒畢竟也是一個凡人，他感到了深深的孤獨和憂慮，有一次在俄亥俄州他向一位鄰居承認說：「希望有人愛我。」

即使他說出了這樣的話，但他對金錢的追求依然沒有停止。誠如馬克‧漢娜所說：「在別的事務上他很正常，獨獨為金錢而瘋狂。」

在他五十三歲時，他的身體突然垮了：頭髮全部掉光，甚至連眼睫毛也一樣，只剩下淡淡的一撮眉毛。他的雙肩已經下垂，走起路來搖搖擺擺。

雖然五十三歲正是大多數男人的壯年，但洛克斐勒似乎提前進入了衰老期：失眠、消化不良、掉頭髮？

最後，他的醫生們把驚人的實情坦白告訴他。他只有兩種選擇：或是財富和煩惱，或是性命。他們警告他：他必須在退休和死亡之間做一抉擇。

洛克斐勒選擇了退休。退休以後，洛克斐勒遵照醫生的話，不再為任何事而煩惱。他經常參加戶外運動，去學習高爾夫球，整理庭院，和鄰居聊天，去打牌、唱歌；並注意節食，隨時保持半饑餓狀態。

此時，他也在進行別的事。他曾經一度停止去想他有多少錢，而開始思索那筆錢能換取多少人類的幸福。也就是說，洛克斐勒現在開始考慮把數百萬的金錢捐出去。對他而言，這等於捨棄他曾經最難捨棄的東西。而他的行為，也受到了別人的質疑。畢竟，從一個視金錢如命的「吝嗇鬼」到一個樂善好施的「慈善家」，中間的跨距實在太大了。

當洛克斐勒向一所學校捐獻時，全國各地的教士齊聲發出反對的怒吼：「腐敗的金錢！」但洛克斐勒繼續捐獻，當他獲知密西根湖湖岸的一所學校因為抵押權而被迫關閉時，他立刻展開援助行動，捐出數百萬美元去援助它，將它建設成為目前舉世聞名的芝加哥大學。

他也盡力幫助黑人，像塔斯基吉大學，需要基金來完成黑人教育家布克・華盛頓的志願，他毫不遲疑的捐出鉅款。然後，洛克斐勒又採取更進一步的行動，他成立了一個龐大的國際性基金會—洛克斐勒基金會，致力於消滅全世界各地的疾病、文盲及無知。

洛克斐勒深知，全世界各地有許多有識之士，進行著許多有意義的工作：研究工作默默進行，學校一所所建立，醫生致力於和某種疾病戰鬥。但是，這些高超的工作卻經常因缺乏資金而宣告結束。他決定幫助這些人道的開拓者，並不是「將他們接收過來」，而是在他的金錢資助下，發現了盤尼西林，以及其他多種發現。那麼，洛克斐勒自己怎麼樣了？他把錢捐出去之後，是否已獲得心靈的平安？是否獲得了真正的幸福呢？

不錯，洛克斐勒最後終於感覺滿足了。他整個人都變得十分快樂，不再煩惱，也沒有了以往那種孤獨感。

曾經，洛克斐勒緊緊抓著金錢不放，總擔心自己會失去到手的財富，結果他在五十三歲時「死」去了，因為他的身體徹底垮掉了。

後來，當洛克斐勒捨掉了他最難捨棄的東西——金錢時，他反而活了過來，並且一直活到了九十八歲！與此同時，洛克斐勒生活得也非常充實，再也沒有了曾經的孤獨感，他的人生從捨掉金錢的那一刻開始了新生。

一代石油大王用自己的親身經歷說明了要想在孤獨中得到解脫，獲得真正的幸福，就要先捨掉你最難捨棄的東西。

對平常人而言，最難捨棄的東西也許是金錢，也許是對名利的追逐，也許是對物質的過分追求。正因為我們過分看重這些身外之物，我們的心靈才始終處於一種自我封閉的狀態之中，難以與外界發生聯繫，更難以體會到生命中那些更重要的東西。

明智的捨棄，實際上是一個人求進取、求發展的前提，一個人只有知道自己不能做什麼，捨棄那些不切實際的追求，才能把有限的精神集中到自己能夠成功的事業上。

現在，請捨掉那些你最難捨棄的東西吧。錢不在多，夠用就行；名利只是一個虛幻的舞臺，何況對名利的追求只會讓你陷入深深的孤獨中，正所謂「高處不勝寒」；那些物質上的東西，你終其一生又能享用多少呢？

當你捨掉這些曾經最難捨棄的東西時，你會發現生活本來是如此輕鬆、隨意，是你的「不捨」讓自己過得分外辛苦，還不得不與孤獨為伴，錯過了太多美麗的風景！

捨掉最難捨的，才會得到更好的

☆捨掉那些你力不能及的目標。

有目標本是好事，它能讓我們在漫長的人生道路中始終保持一個方向感，並為之而不懈努力。但是，人的慾望大多是無限的，人的能力卻是有限的。那些超出你的實際能力的宏圖大志、沖天抱負，給你帶來的不只是力不從心的重負和壯志未酬的遺憾，更重要的是耗費了你能夠成就力所能及的事業與精力。

捨掉那些你力所不能及的目標，不管你曾經多麼看重這個目標。現在，為自己制定一個切實可行的目標，你才不會在追求目標的過程中迷失方向，陷入深深的孤獨之中。

☆捨棄那些千奇百怪的誘惑。

這是一個充滿誘惑的世界，紙醉金迷、燈紅酒綠、聲色犬馬……各式各樣的享受不斷地誘惑著紅塵中的每一個人。而人一旦為了追求享樂而不斷鑽營，甚至不擇手段，那麼耗費掉的不僅僅是精力，還會與我們真正需要的人生幸福背道而馳。

因為，過分地追求享受只會讓我們遠離最初的夢想，讓我們在享樂過後獨自品味那種落寞，那種孤獨。

27 手張得越大，幸福抓得越多

詩人柯勒律治對自己寂寞、孤獨的感受有這樣一句貼切的描述：「孤獨，孤獨，徹底的孤獨；孤身一人，在蒼茫、遼闊的大海上。」

是的，你感到很孤獨，即使身處鬧市中，耳邊聽著人們的笑聲，你還是感到孤獨。這是內心的孤獨，那種寂寞無助的感覺讓你找不到方向。

很多時候，孤獨都反映了一個人的精神狀態，這是一種精神貧乏的處境，而這種處境是可以改變的。

精神的貧乏不能透過獲取來求得改善，它必須透過給予才能夠治癒。只有當你無私奉獻了自己的愛時，你的內心才會被人們回報的感恩與尊敬所填滿，才不會再有孤獨的感覺，正所謂：「手張得越大，幸福抓得越多」。

在一個僻靜的小鎮上，有一個名叫泰娜的女人，她善於烹飪，能夠用人們送給她的蘿蔔、蕪菁、甘藍、番薯等做出鮮美可口的湯來。

泰娜的丈夫是一位牧師，這個家庭在當地具有很高的威望。他們住在一個小木屋裡，鎮上的人們都把能夠到這所小木屋來探望牧師和他的夫人當作是最大的榮耀。

每一次，當敲門聲響起時，泰娜都會匆匆忙忙趕出去，用擁抱、接吻和熱情的話語去迎接每一個客人。牧師總是穿著一身黑色的傳統教士服，脖子上繫著白色的領帶，緊隨在夫人身後伸出一隻溫暖的手，臉上現出笑容說：「我的主保佑你，進來吧！」

他們對待任何一位來訪者都是熱情友善的，不管是至近的親戚、市長，還是身無立錐之地的乞丐。

後來，牧師過世了，泰娜就搬到另一個州靠近子女的港口城市住下來。她並沒有因為只剩自己一個人以及在陌生的地方就變得孤僻。相反，她還像以往一樣保持著早起的習慣，黎明前即起床，仔細的梳妝打扮一番，穿上斗篷，披上面巾，迎著朝陽步行走到教堂上早課。

在那裡，她幫助教堂擦拭在禮拜儀式上要用到的各種器具。她喜歡做這種事情，因為她的丈夫以前也會用到這些器具，擦拭的過程中她彷彿在與丈夫交流，這讓她感到很快樂。

在做完這些事之後，她走出教堂，到醫院去拜訪和照顧所有孤獨的病人，給他們講一些故事、笑話，以此幫助他們排解孤獨。然後，她去看望那些不能出門的單身老人，把她的歡樂與善良帶給那些需要她的人們。

泰娜過世的那一天，她像往常一樣去教堂做了雜務。回到家，她把洗過的衣服從晾繩上收下來，將披巾搭在沙發背上。人們發現她時，她正坐在她最喜歡的客廳沙發上，微合兩眼，嘴唇上帶著溫柔、甜蜜的笑容，那塊面紗還蓋在臉上。

人們說，與這位非同尋常的夫人一起度過幾個小時，就會得到比做任何事帶來的快樂都多，就不會再有孤獨的感覺。

對於泰娜來說，孤獨是一種需要看護和掃除的病痛；她把自己生命的每一分鐘都用在給他人帶來歡樂，同時，也使自己擺脫孤獨，充實地度過每一天。

這個故事告訴我們，為自己尋找幸福的最可靠的辦法之一，就是盡全力使別人幸福。如果你去尋找幸福，你會發現它在躲避你；但是，如果你努力把幸福送給別人，幸福就會來到你的身邊。

幸福並不是靠別人來佈施，而是要自己去贏取別人對你的需求和喜愛。你要讓自己成為被人接納的人，就需要把自己奉獻給別人，而不是等著別人來給你什麼。

許多寂寞孤獨的人之所以會感到孤獨，是因為他們不瞭解愛和友誼並非是從天而降的禮物。亞伯拉罕・林肯曾經說過：「我一直認為，如果一個人決心獲得某種幸福，那麼他就能得到這種幸福。」

事實上，人與人之間原來只有微小的差異，但這種微小的差異卻往往造成巨大的差異，造成這種差異的正是你的心態。

因此，我們必須積極地與別人交流，幫助別人才能擺脫孤獨感的折磨。這就如同我們身處一個無人的山谷，必須找到出路自己主動向外走，才能離開那片荒涼的地方，重新回到熱鬧的人群，享受到世間的歡樂。

記得看過一部名為《艾蜜莉的異想世界》的電影。影片中的女主角艾蜜莉・布蘭是一個法國女孩，她從來就沒有享受過家庭的溫暖，她的童年是在孤單與寂寞中度過的。長大後，艾蜜莉在巴黎的一家咖啡館裡做女侍應。生活看起來過得不錯，但她並不滿足。直到一九九七年夏天，戴安娜王妃在一場車禍中不幸身亡，艾蜜莉突然意識到生命是如此脆弱而短暫，她決定去影響身邊的人，給他們帶來快樂。

於是，艾蜜莉積極行動起來，冷酷的雜貨店老闆、備受欺侮的夥計、憂鬱陰沉的大門警衛還有對生活失去信心的鄰居，都被她列入了幫助的對象。雖然遇到了不少困難，有時甚至也得耍耍手段，用用惡作劇，但經過努力，她還是獲得了不小的成功。

艾蜜莉的故事和泰娜的經歷有著異曲同工之妙，那就是在幫助別人的過程中感受到幸福。一個人如果不想讓自己孤獨，就要牢記：幸福並不是靠別人來佈施，而是要自己去付出努力，透過給予別人快樂與幫助，我們才能走出孤獨、寂寞的包圍，才能擁有幸福充實的人生。

同樣，為了與人做好關係，我們必須走出自己的小天地，積極主動地和別人交往，展示自己友善的一面。因為，人類是典型的群居動物，倘若你只想依靠自己個人的力量生活在這個世界上顯然是不夠的。

在現代社會，人與人之間必須透過緊密無間的合作，才能共同完成一件事，所以學會交往和合作是非常重要的生存之道。同時，只有在與別人友好的交往中，你才能體會到各種情感所帶來的愉悅。

在交往中，你會發現，你的投入越多，獲得的回報也越大，幸福感也越強烈。因為，你在給予別人幫助的同時，你會收穫別人回報給自己的快樂，從而填補自己內心的空缺，讓你擺脫孤獨。

張開雙手，迎來幸福

☆幫助別人，從小事做起。

幫助別人可以是一件很小的事情，也許你的一個小行為就是對別人的幫助，比如一句溫暖的話語，一個甜蜜的微笑……這些都是很小的一件事，但是帶來的卻是很長一段時間的快樂。把幫助別人轉變成一種習慣，你的生活就能更快樂一些。

☆多做幾次義工。

在現在的社會裡有各式各樣的義工活動，比如為孤兒院的孩子獻愛心、參與各種社會公益活動等。與其一個人在孤獨中度日，為什麼不利用閒餘時間，參與一些有意義的工作和活動呢？

這樣，不僅擴大了你的生活圈子，又能親身體驗社會中的人和事，加深對社會的認識，這對我們自身的成長和提高是十分有益的。同時，在做義工的過程中，你能由衷地感到一種快樂，正所謂：「送人玫瑰，手有餘香」。

第六章

心存感恩是孤獨中的靈魂

——感恩讓你更好地品味孤獨

我不喜歡過外國的節日，只有一個除外，那就是感恩節！感恩不但是世間最美好的感情，也是一種美德。它是不求回報的，而且是可以延續下去的。它可以驅散孤獨中的黑暗，使它不被烏雲籠罩，每一寸土地上都充滿陽光。

當心存感恩時，會擁有不一樣的心情，因為愛在心中，萬物都顯得格外美好；當心存感恩時，才可以獲得心靈上的平靜與祥和，遠離痛苦與憂傷；當心存感恩時，即使一個人生活，也會發覺身邊存在很多美好的事物；當心存感恩時，便會獲得一種力量，它可以幫助我們驅散孤獨中的烏雲，只留下一片亮麗的陽光。擁有一顆感恩的心吧，讓它幫助我們遠離壓抑、痛苦與不安，盡情地享受孤獨的美好！

28 有了感恩之心，便會感謝孤獨

「你知道今天是什麼日子嗎？」這是某一次聚會，朋友提出來的一個問題。

「妳生日」、

「妳升職的日子」、

「不會是妳和男朋友的戀愛周年紀念日吧，呵呵」、

「不知道，妳快說吧」。

大家七嘴八舌地猜著，誰也不知道。我在心裡想，這只是十一月份很普通的一天，沒什麼特別，因此也一臉的茫然。

過了一會兒，看大家都搖頭不知，朋友揭曉了答案：「今天是感恩節啊，你們怎麼都不知道？」

這時大家才恍然大悟，原來今天是感恩節。這原本是個美國的節日，對於中國人來說並不是很熟悉，所以那個朋友一問之下，竟然沒有一個人知道。

「看來你們都不怎麼過西洋節日啊，」那個朋友說，「雖然這不是中國的傳統節日，但是我很喜歡這個節日賦予的含義—感恩。」

「聽妳說得頭頭是道，那我來考考妳，這感恩節的來歷妳知道嗎？」一個朋友故意刁難。

「當然知道！」接著，她就開始敘述給我們聽：「一個寒冷的冬天，風像刀子一樣颳在身上。一艘破舊的帆船，正在海上漂漂蕩蕩。

在這艘船上，載著一百零二個人（清教徒），他們由於在自己的國家（英國）遭到了迫害，所以不得不乘船流亡。在茫茫的大海上，他們也不知道將要去到何處，不知道未來在哪裡。所幸，經過了幾個月的漂蕩，他們終於看到了一塊土地（美洲），登上了新的土地。

然而，這些可憐的人們正準備開始新的生活時，卻因不適應當地的環境，病的病，死的死。等一年冬天過後，只有五十個人活了下來。

就在他們悲痛欲絕，看不到希望的時候，突然，來了一群當地的印第安人。這些如神明般降臨的印第安人，帶來了很多生活必需品，他們熱情地向這些可憐的人們伸出了雙手，教會他們如何在這塊土地上耕作。

這一年的秋天，這剩下的五十個人獲得了大豐收。他們種植的玉米、南瓜完全成熟，飼養的火雞也健康迅速地繁殖。

為了感謝友好的印第安人對他們的幫助，在這一年的十一月底，移民們將玉米、南瓜、火雞等製作成的佳餚，與這些印第安人共用，感謝他們的幫助，感謝上帝賜予了一個大豐收。後來，十一月的這一天，就被固定了下來。每年到了十一月的第四個星期四，所有的親人都要聚在一起，製作南瓜餅、吃火雞。而這一天，也被定為『感恩節』。」

這是我第一次聽說感恩節的由來，慚愧得很，從不過西洋節日的我對這些所知甚少。

那個朋友又說：「我們每個人的生命中，都有很多值得感謝的人或事。既然今天是感恩節，又這麼巧我們大家聚在一起，那不妨都來說說我們心中想感謝的人吧。」

聽她這麼一說，大家都覺得很有意思，一個接一個地講起來。

我所感謝的人當然是父母，雖無新意，但卻是實話。另外給我印象最深的是一個朋友，他這樣說：「感謝所有傷害過我的人，是他們讓我學會了成長；感謝這世間的一切，哪怕是一花一木，也讓我享受到了世間的美好。」

當聽著大家紛紛說著自己感謝的人時，我心中突然很感動。是的，感恩的確是一種十分偉大的力量，可以讓人在絕境中產生勇氣。

當你開始感謝的時候，你會發現很多美好的事物。而美好的事物，從來都能引人奮進，給人積極的力量。

我雖然不過西洋節日，但感恩的心情由來已久。我總是會感謝所擁有的一切、感謝一切經歷（包括好的與壞的）、感謝所有人。哪怕遇到一些不如意的事，我也會想「幸好沒有怎樣……」

其實，以前的我並不是如此，相反，還有一點點憤世嫉俗。當我離開大學校園不久後，想要找一份熱愛的工作，實現自己的理想，沒想到卻處處碰壁。理想與現實的差距、校園與社會的差距，都讓我感到壓抑與無所適從。那時我認為，這個世界並不是想像中的那樣美好，並不是你對別人好別人就會對你好。

在這種煩躁的情緒中，我的心腸漸漸硬了起來。當我被成人世界中的人際關係耍得團團轉後，竟然自己也隨波逐流，學起「老江湖」的樣子，對其他人也耍起了小手段。我學會了如何籌謀自己想要的東西、學會了對人不可全拋一片心、學會了事不關己高高掛起、學會了明哲保身。

然而，變成了「老江湖」以後，我卻並不快樂，反而感到前所未有的抑鬱與孤寂。我發覺自己沒有交到真正的朋友，沒有一個可以毫不避諱地對他哭、對他笑的人，這樣的生活即使讓我得到全部又如何？我會快樂嗎？我會充實嗎？

帶著這些困惑，我度過了幾年，直到有一天，我在街上遇到了一件事，讓我徹底醒悟了。

一個假日的午後，我獨自在北京最繁華的步行街上閒逛。儘管街上人來人往，熱鬧非凡，但我心裡卻淒涼無比，備感孤獨。那時孤獨對我來說還是痛苦、悲傷的代名詞。

當我走到一家商場門口想要進去逛逛的時候，看見門口站著一個小女孩，大概五、六歲的樣子，她正想推開商場的玻璃門進去。可是玻璃門對她來說太重了，她用了很大力氣，也只是把玻璃門推開了一道縫而已。

看著小女孩吃力的模樣，我便過去幫她把門推開。小女孩看見我幫她推開門後，對我說：「謝謝大姐姐！」

正在這時，小女孩的媽媽從旁邊走過來。小女孩對她媽媽說：「媽媽，剛才是大姐姐幫我開的門。」

「那妳說謝謝了嗎？」她的媽媽問。「說了，我說謝謝大姐姐。」小女孩把剛才發生的事和說的話原封不動地重複了一遍。

她的媽媽轉過頭來對我，微笑而鄭重地又說了聲：「謝謝」。

這本來只是一件小得不能再小的事情，卻被小女孩當成一件大事般的認真地告訴她媽媽，而她的媽媽也再次對我說了謝謝。

在那一刻，我的心忽然變得舒暢無比。那簡單的兩個「謝」字，彷彿觸動了我心底最柔軟的地方。

這對母女越走越遠，漸漸在我眼前消失，我又獨自一人了。然而，在接下來獨自閒逛的時間裡，我卻一掃方才陰霾的心情，變得輕鬆、快樂了許多。

我一直在想著小女孩的那句「謝謝」，更想起許多值得我感謝的事情，朋友的一個問候、同事的一個提醒、老闆的一句讚美等等，都讓我感到溫暖。爾後，我開始想一些不甚愉快的事，客戶的刁難、同事的爭執、旁人的誤解……這些事情在以前的我看來是很難受、很憋氣的，但此時卻覺得也很好，如果沒有這些坎坷，我又豈能成長呢？真該好好謝謝他們。

謝謝？我居然會謝謝這些為難過我、傷害過我的人？連我自己都覺得不可思議。但當我這樣想時，所有的痛苦、壓抑、憂傷與煩惱，竟然在瞬間就消失殆盡了。這就是感恩的力量，真是奇妙而偉大！

是的，每個人都有孤獨的時候，都有不被認同的時候，都有迷茫失措的時候，但這並不意味著你要變得鐵石心腸，不意味著你要變得冷漠無情，相反，在此時更需要擁有一顆感恩的心，感謝所擁有的點點滴滴，感謝對你好的或對你不好的人。

當這樣想時，孤獨的路上便多了溫暖與甜蜜。不管我們曾經或正在經歷著什麼，都將成為天底下最幸福的人！

越是孤獨，越要感恩

☆感謝生我之人。

父母給了我生命，我無論健康或疾病，無論貧困或富有，無論接受了怎麼樣的教育，都應該心存感激，因為是他們使我體驗到了生命的奇妙，我要對他們說聲「謝謝」。

☆感謝育我之人。

養育之情比天大，他們使我不斷成長，品味世間的酸甜苦辣。

☆感謝助我之人。

無論是對我有滴水之恩的人，還是對我恩比天高的人，都值得我感激、尊敬。正是他們幫助我度過了一個又一個難關，讓我不會放棄、不會畏懼。在這裡對他們鞠躬。

☆感謝教我之人。

我啟蒙的恩師、開發我潛能的導師、引領我進入事業殿堂的良師，他們開化我的愚昧，使我擁有安身立命、獨立於世的本領。

☆感謝愛我之人。

感謝他們讓我體會到了人世間最美好的感情，親情、愛情、友情，比金錢珍貴、比珠寶更加稀世。

☆感謝勵我之人。

如果沒有他們，我可能連站立起來的力量都不復存在，更不要說開朗、樂觀的面對每一天。

☆感謝傷我之人。

他們磨練了我的心志，使我明白世間總有不如意之事，也總有雨過天晴的一日。因為他們，我的心志更加成熟、處事更加歷練、人生更加豐富。

☆感謝騙我之人。

如無他們，我將永遠是個生活在象牙塔中的無知小孩，就算有知識，也毫無智慧可言。

☆感謝罵我之人。

當面斥責是非常令人難堪之事，但也正因為如此，警醒了我的自知、自明，也鍛鍊了我的氣度與胸襟。

☆感謝棄我之人。

是他們教會我如何獨立，讓我憑藉自己的力量也可以站得頂天立地。

☆感謝藐我之人。

藐視我的人曾讓我感到難堪、羞辱，甚至無地自容，但也因此覺醒了自尊，並身體力行的積極做事，以證明自己存在的價值。

☆感謝與我爭執之人。

燈不開不亮，理不辯不明，感謝所有與我爭執之人，讓我離真理又近了一些。

29 只有看到沒有腳的人時，才知道沒有鞋子是多麼幸運

「我的人生真是失敗！」這是我的一個好朋友對她的人生做出的結論。

「為什麼要這麼說？」我不明白，因為在我看來，她的確沒有什麼不妥，年輕又漂亮，工作不錯，收入雖然不是很高但也算中等，而且她的家庭環境很好，家中有幾間房子，她也不必像其他人一樣為房子憂愁。

「雖然從表面看上去我還不錯，但實際上我什麼也沒有。工作不是最好的、錢賺得又不是很多、這麼大了還沒有真正愛我的人，幾次談戀愛都不成功。唉，我的人生真是失敗透了！」朋友說這些話的時候，顯得特別的沮喪、傷心。

她說的這些的確是事實，但因為這樣就可以否定自己的人生，把它說得一文不值嗎？因為這樣就可以說是失敗透了嗎？

我對她說：「以前有個人，他非常窮，連一雙鞋子都沒得穿。所以他總是抱怨自己很不幸，什麼都沒有。直到有一天，他看見一個沒有雙腳的人，才知道原來自己是那麼的幸運，起碼還擁有雙腳可以走路。妳就和那個沒有鞋子穿的人一樣，總覺得自己什麼都沒有。妳仔細想想，妳真的什麼都沒有，真的這麼失敗嗎？」

朋友聽後想了想，說：「也許我的確不能算是一無所有，但這樣就應該滿足了嗎？」

「妳所謂的不幸，只不過是一些小小的不如意，但比起一些人，妳擁有的已經很多了。」我繼續開導她：「妳可以不滿於現狀，可以追求更高的生活目標，但不應該否定現在、否定所擁有的一切。如果妳不懂得感激所擁有的，那麼永遠也不會覺得幸福。」朋友聽了若有所思，不再抱怨。

與朋友的一席話，讓我感慨頗多。有一些人就像我的朋友這樣，總覺得不滿足、不幸福，覺得自己什麼都沒有，非常痛苦。可是事實真的是這樣嗎？恐怕未必！有時候我們之所以覺得痛苦，是因為痛苦得還不夠！

記得有個故事是這樣的：有一個天生失語的小女孩，爸爸在她很小的時候就去世了。她和媽媽相依為命。媽媽每天很早出去工作，很晚才回來。每到日落時分，小女孩就開始站在家門口，充滿期待地望著門前的那條路，等媽媽回家。

媽媽回來的時候是她一天中最快樂的時刻，因為媽媽每天都要給她帶一塊年糕回來。在她們貧窮的家裡，一塊小小的年糕都是無上的美味了。

有一天，下著很大的雨，已經過了晚飯時間了，媽媽卻還沒有回來。小女孩站在家門口望啊望啊，總也等不到媽媽的身影。

天，越來越黑，雨，越下越大，小女孩決定照著媽媽每天回來的路自己去找媽媽。

她走啊走啊，走了很遠，終於在路邊看見了倒在地上的媽媽。她使勁搖著媽媽的身體，媽媽卻沒有任何動靜。

她以為媽媽太累，睡著了。就把媽媽的頭放在自己的腿上，想讓媽媽睡得舒服一點。

但是這時她發現，媽媽的眼睛沒有閉上！

小女孩突然明白：媽媽可能已經死了！

她感到恐懼，拉著媽媽的手使勁的搖晃，卻發現媽媽的手裡還緊緊地握著一塊年糕。

小女孩拚命地哭著，卻發不出一點聲音。

雨一直在下，小女孩也不知哭了多久。她知道媽媽再也不會醒來，現在就只剩下她自己了。

媽媽的眼睛為什麼不閉上呢？是因為不放心她嗎？她突然明白了自己該怎樣做。於是擦乾眼淚，決定用自己的語言來告訴媽媽她一定會好好地活著，讓媽媽放心地走。

小女孩在雨中一遍一遍地用手語比劃著，那是一首歌：「感恩的心，感謝有你，伴我一生，讓我有勇氣做我自己……感恩的心，感謝命運，花開花落，我一樣會珍惜。」淚水和雨水混在一起，從她小小的卻寫滿堅強的臉上滑落，小女孩就這樣在雨中不停的做著，一直到媽媽的眼睛終於閉上。

這個故事我們再熟悉不過，它就是歌曲《感恩的心》的由來。

和這個小女孩相比，我們擁有了太多的幸福。但為什麼有些人還經常覺得不幸福、不滿足、什麼也沒有呢？難道真的如此痛苦、如此可憐嗎？

讓我們看一看故事中的小女孩，和她比起來，我們擁有的還不夠多嗎？健康的身體、美滿的家庭、不錯的收入、要好的朋友……這一切都是那麼的珍貴，足以值得我們感謝造物主賜予的一切。

每一個覺得痛苦不堪的人，都應該將這個故事講給自己聽，然後捫心自問：「我究竟受了多少苦？」

是找不到合適的工作？還是找不到心愛的人？或是和父母不和？不受人重視、不被人認同……

如果真是這樣，的確有些不愉快，然而和那些生活在水深火熱中的人們比起來，是不是好了太多太多呢？而這些的不如意，都是可以透過自己的努力改善的：工作找不到可以再找、做事失敗可以提高自己的能力、找不到心愛的人可以耐心等待、和父母吵架可以找機會緩和……

但當我們打開電視或是報紙等，幾乎每天都可以聽到「爆炸」、「地震」、「戰爭」、「死亡」等的字眼，這些和我們自認為的不幸比起來，豈不是痛苦得多了？如果生活在這樣和平的國家仍然感到痛苦不堪，那麼要讓那些人如何生活下去呢？

也許有些人會不認同我的觀點，覺得「凡事要往上比，不能往下比」，但要弄清楚的是，這既不是沒有追求，也不是說些大話、空話，而是要讓我們學會感恩，學會感謝目前擁有的一切。

當我們感到孤獨、感到痛苦時，就是不知道感恩。不知道感謝現在手中擁有的，只以為自己擁有的一切都是理所應當的，就不會體會到上天賜予的美好，更不會感受到被關懷、被重視，那麼在孤獨中痛苦也就在所難免了。

現在想一想，當我們走在街上時，有沒有想到那些睡在擁擠、簡陋的工寮裡的工人，有沒有想到寬闊的馬路、富麗堂皇的大廈是他們為你鋪就的？

當我們吃一碗飯時，有沒有感謝那些面朝黃土背朝天的農民，辛辛苦苦地種出稻米來？

當我們在假日裡與家人團聚時，有沒有想到那些仍然堅守在工作崗位上的人，他們不能與家人團聚，只是為了給我們提供水電、保衛我們的安全。

假使我們沒有想到這些，只是心安理得地享受著別人所付出的一切，然後再悲傷地訴說痛苦、訴說孤獨，這樣難道不可笑嗎？

學會感恩吧，珍惜所擁有的一切，你會發現有一股力量正從心底湧起，讓你能快樂地生活，讓你能充滿自信地面對每一件事。

倘若此時你的心有所觸動，那麼不妨花上一分鐘，感謝那些值得你感謝的人，這一分鐘過後，你便再也不會寂寞、再也不會痛苦，因為感恩與愛已在你心中！

常常想著自己所擁有的

☆只要留意，上天總會留給你某些東西。

著名科學家霍金在很年輕的時候就身染惡疾，幾乎全身都不能動了，整日要坐在輪椅上生活。

儘管遭遇這樣的不幸，霍金仍然樂觀積極。透過自己的努力，他成為了著名的物理學家，是當代最重要的廣義相對論和宇宙論學家，也是二十一世紀享有國際盛譽的偉人之一，很多人都稱他為「宇宙之王」。

有次一位女記者問霍金：「霍金先生，漸凍人症已將你永遠固定在輪椅上，你不認為命運讓你失去太多了嗎？」

面對這個問題，霍金用手指敲著電腦鍵盤，給出了一個出人意料的答案：「我的手指還能活動，我的大腦還能思考；我有終生追求的理想，有我愛的和愛我的親人和朋友……」是的，即使你什麼都沒有，上天也會留給你某些東西，只看你有沒有留意。

☆列一張清單給自己。

有一天，一個中年男子找到諾曼·皮耶爾牧師，用痛苦的語氣說：「牧師先生，我半輩子辛苦地工作，兢兢業業，可是現在我的工廠全部倒閉了，什麼都沒有了，上帝啊，我該怎麼辦呢？」

皮耶爾牧師溫和地問：「你說什麼都沒有了，真是這樣嗎？」說著，他拿出一張紙和一支筆說：「那你告訴我，你有妻子嗎？」

中年男子說：「是的，我有一個很愛我、很支持我的妻子。」

「那你有子女嗎？」皮耶爾牧師一邊在紙上寫著什麼一邊繼續問。

「有，我有三個孩子，他們又善良又可愛。」中年男子說。

皮耶爾牧師又問：「你有朋友嗎？」

「說起朋友我可比別人都幸運，他們對我非常慷慨，真是好朋友！」中年男子說。

「那你的身體健康嗎？」皮耶爾牧師問。

「還不錯，我現在也只對自己的健康還有點信心。」中年男子說。

問到這裡，皮耶爾牧師將自己剛才寫字的那張紙遞給了中年男子，只見上面寫著：

「你所擁有的：永不離棄你的妻子、可愛的孩子、慷慨的朋友、健康的身體！」

看著這張紙，中年男子眼睛一亮，他興奮地說：「牧師先生，真是太謝謝你了，我明白了！我原以為自己失去了一切，什麼都沒有了，可是現在看來，我居然擁有這麼多珍貴的東西！」如果你也像這個中年男子一樣，認為自己什麼都沒有了，那麼不妨列一張清單，將自己還有的逐一寫下來。

30 感恩讓孤獨變得更加偉大

為什麼我們總是感覺不到喜悅？為什麼總是錯失擺在面前的幸福？為什麼一遭遇孤獨就生出痛苦之感？因為我們無感恩之心！

再忙碌的生活節奏也驅散不了心頭的煩悶，再熱鬧的音樂也趕不走靈魂的空虛。只有感恩，可以建造一個愛的世界。在這個世界裡，孤獨會有更高的意境，而不會有痛苦和憂鬱。

很久以前，在遙遠的美國，一個小鎮上誕生了一個可愛的女嬰。她本來應該和其他孩子一樣健康快樂地成長，然而不幸很快降臨在她的身上。在一歲半的時候，女孩患上了猩紅熱，導致她失去了聽力和視力，隨後又喪失了說話的能力。

這個小女孩從小就生活在黑暗又寂寞的世界裡，非常痛苦、孤獨。當她長大一些的時候，發覺自己和其他孩子不一樣，便感到很自卑，認為自己什麼也做不了，一輩子都沒有希望了。因為自卑，小女孩的脾氣變得越來越壞，動不動就發火，是個十足的「小暴君」。

小女孩的父母很傷心，無奈之下，只得把她送到一所盲人學校念書。令人沒想到的是，在這所學校中，小女孩遇到了她的天使：蘇利文老師。

當蘇利文第一次看到小女孩時，就被她的遭遇打動了，其實蘇利文也是一個曾經有著不幸遭遇的人。在她十歲時，便與剛出生的弟弟進了痲省孤兒院。孤兒院的環境很惡劣，連讓他們住的房間都沒有，姐弟倆只好住進放屍體的太平間。

然而不幸的事情還沒有結束，蘇利文的弟弟剛剛長到六個月就夭折了。她還沒有走出痛苦的陰影時，卻又患上了眼疾，差一點就失明了。

所幸的是，蘇利文是個堅強的女孩，這些不幸的遭遇並沒有讓她感到自卑，而是賜予了她信心和愛心，堅強地生活下去，並成為一名老師。

由於身世相近，蘇利文對這名又盲又聾又啞的小女孩格外關注，她理解小女孩的自卑，所以總是鼓勵她，為她搭建起一座自信的橋樑。

由於小女孩聽不見、看不見、不會說話，所以學起東西來格外困難。有一次，蘇利文老師教她拼寫「水」這個單字，可是教了很多遍，小女孩就是記不住，因為她沒有直觀的印象，所以記起來很困難。

於是蘇利文老師就把小女孩帶到噴水池邊，抓著她的小手，放在噴水孔下，讓清涼的水花濺在小女孩的手上，然後在她的手心中拼寫出「水」這個單字。從此後，小女孩就牢牢地記住了，再也不會忘記。後來小女孩再回憶這段經歷時說：「不知怎麼，語言的秘密突然被揭開了，我終於知道水就是流過我手心的一種物質。這個字喚醒了我的靈魂，給我了光明、希望、快樂。」

然而更難的還在於教小女孩說話，對於一個聽不見聲音的人來說，學習發聲是很困難的。但蘇利文老師用極大的愛心和耐心，一點點地教會小女孩用觸覺來領會發音時喉嚨的顫動和嘴的運動，有時為了說準一個音，一練就是幾個小時。當她會說「爸爸」、「媽媽」時，全家人都驚喜地抱緊了她，連她最喜愛的小狗也興奮地跑過來，乖巧地舔著她的手。

就這樣，小女孩在蘇利文老師的幫助下走出了自卑的心理陰影，充滿信心的學習和生活。她不但學會了如何與其他人溝通，還以優異的成績畢業於美國著名的哈佛大學拉德克利夫學院，掌握了英、法、德、拉丁、希臘五種文字，成為一個學識淵博的人。

小女孩一天天地長大了，可是她的老師蘇利文卻一天天地衰老了，最後安詳的與世長辭。當朝夕相處了五十年的老師離開人間後，小女孩，不，這時的她已經長大成人，應該稱她為女人了。她非常傷心，但並沒有像兒時那樣消沉，因為此時的她心中充滿了對老師的感激之情。

這種感情讓她決心要將蘇利文老師的愛發揚光大，讓更多的人對生活有信心。於是她周遊世界，為殘障的人到處奔走，建起了一家家慈善機構，全心全意為那些不幸的人服務，還用自己的經歷，鼓勵別人像她一樣勇敢、充滿自信的生活。因為她所做出的貢獻，被授予美國公民的最高榮譽——總統自由勳章，又被美國《時代週刊》評選為二十世紀美國十大英雄偶像，同時還被推選為世界十大傑出女性之一。

她還將自己的經歷寫成書，告訴所有的人要珍惜生命、感激他人。如果提起她的名字和她所寫的書，你一定不會陌生，她就是寫了《假如給我三天光明》等名著的海倫・凱勒。

在海倫八十八年的生命中，有八十七年都生活在無光、無聲、無影之中，這在常人來說是很難想像的。如果說海倫不孤獨，那麼還有什麼人會孤獨呢？但就是這樣一個孤獨的女孩，卻創造了一個又一個的奇蹟。

你和我都是生活在平凡世界裡的普通人，在工作與休閒中不斷地輪迴。在這個過程中，我們可能得到了很多，但總有某一瞬間會覺得自己極為渺小、極為無助，彷彿周圍的人都離我們遠去。

這時，就需要有一顆感恩的心，幫助我們遠離壓抑、痛苦與不安。

我認為，感恩不但是世間最美好的感情，也是一種美德。它是不求回報的，而且是可以延續下去的。

當心存感恩時，才可以獲得心靈上的平靜與祥和，遠離痛苦與憂傷；當心存感恩時，即使一個人生活，也會發覺身邊存有很多美好的事物；當心存感恩時，便會獲得一種力量，它可以幫助我們驅散孤獨中的烏雲，只留下一片亮麗的陽光！

在心中時刻想著感恩

☆養成道謝的習慣。

曾經有一個城市鬧饑荒，很多人都沒有吃的。有一個善良的麵包師把幾十個窮得沒飯吃的孩子聚在一起，拿出一籃子麵包說：「這裡面的麵包你們每人拿一個，在上帝沒有帶來好光景以前，你們每天都可以來拿一個。」

當麵包師把這籃麵包遞到孩子們面前時，饑餓的孩子們一窩蜂的湧了上來，圍著籃子爭搶麵包，都想搶一個最大的。當他們都拿到了一個麵包後，竟然沒有一個人向好心的麵包師說聲謝謝。

當孩子們走了以後，麵包師發現，在一旁還站著一個小女孩。當小女孩看見所有的孩子都走了以後，才走到籃子前，此時籃子裡還剩下一個最小的麵包。

小女孩將麵包拿在手中後，恭敬地向麵包師道了謝，並親吻了他的手，然後轉身回家去了。

第二天，孩子們又來拿麵包了。他們像昨天一樣瘋狂搶著，希望拿到最大的麵包。而那個小女孩，只得到了一個比昨天還小的麵包，可是她依然恭敬地向麵包師表示感謝，並親吻了他的手。

當小女孩回到家後，和媽媽一同切開麵包，發現裡面有很多銀幣。

媽媽驚訝地說：「一定是麵包師做麵包的時候不小心揉進去的，快去把它們送還給人家。」

小女孩聽了媽媽的話，立刻起身，去將這些銀幣全部送還給麵包師。

當她把銀幣拿到麵包師面前時，麵包師笑了，他說：「不，孩子，這些不是我不小心揉進去的，而是特別送給妳的。願妳永遠保持一顆感恩的心。這些錢是妳的了。」

小女孩道了謝後興奮地跑回家，和媽媽一起分享這份喜悅。這就是心存感恩帶來的好運。

無論是別人特別幫你，還是舉手之勞，都要鄭重的說「謝謝」。

當買東西後銷售人員將東西遞給你時也要說「謝謝」，不要覺得這是對方的分內之事，不必說「謝謝」。如果這樣想，生活還有什麼意思呢？

當清晨醒來時，先想可以感謝的人或事：感謝那個客戶給我機會，讓我今天去見他；感謝同事對我的批評，讓我有機會改正；感謝太陽升起，曬出我的好心情；感謝連日來的陰雨，讓天氣不乾燥」……

無論在何時何地，都要將這種感恩的心延續下去。當它成為一種習慣時，孤獨便更加可親可愛。

☆不要嫌棄一些老土的感謝方式。

當受到別人幫助時，請用一張紙條或一張卡片寫上你的謝意。不要覺得這樣很老土，傳統的方式有時顯得更加有誠意。

☆不求回報的行一些善舉。

不要總是為了達到某個目的而做事，不求回報的行一些小小的善舉，是感恩行為的外在表現。

☆為感謝他人而做些小事。

當別人幫助了你以後，不光嘴上要說「謝謝」，為他倒一杯茶，或請他吃些小點心。一份小小的禮物更能表現感恩的誠意。

☆真誠地擁抱要感謝的人。

如果要感謝熟識的朋友或是自己的愛人，擁抱是非常好的禮物。在適當的時候，給他（她）一個有力而熱情的擁抱，他（她）一定會感受到你的至誠。

☆寫下你的感恩事項。

將你要感謝他人的事項逐條列出來，寫明為什麼要感謝他，他的哪些話、哪些舉動給你帶來過積極的影響，然後將這份清單當做禮物送給他。

☆在公開場合感謝別人。

感謝他人時不妨當著眾人的面，比如在辦公室裡、家庭聚會上。這並不是要嘩眾取寵，而是讓別人感受到你的重視。

31 從一粒米中看到一片稻田

一日去同事家裡做客，她是個居士，沒事時總是與我講些佛經故事，很有意味。也許跟禪修有關，這個同事特別祥和、淡然，說話做事都很平和，讓人感到非常舒服，所以我很喜歡與她聊天閒談。

這是我第一次去她家裡做客，她早早就洗好了米、備好了菜，親自下廚做幾道小菜招待我。

開飯時，一起吃飯的除了我和同事，還有她的五歲兒子，虎頭虎腦，非常可愛。小傢伙很喜歡吃媽媽做的飯，很快就吃光了一碗。他意猶未盡，舉著空碗想讓媽媽再添一些飯。

可是我的同事卻沒有立刻給孩子添飯，而是輕輕地指著桌上。順著她手指的方向，我看到在小傢伙面前的桌子上有一些散落的飯粒，一定是他吃得太快，不小心掉在桌上的。

小傢伙看了一眼桌上的飯粒，便伸出手去，想要撿起吃了。我看了說：「別吃了，怪髒的，再添一點就是了。」

可是同事對著我眨一眨眼，搖了搖頭。我不明所以，便不再說話。而小傢伙早已經把掉在桌上的飯粒撿起來吃了，那動作非常自然，一看就是平時和媽媽之間的默契。等他將桌子上的飯粒逐一撿起來吃進去後，媽媽才起身給他的碗中添了些飯。

吃完飯後，小傢伙自己去一邊玩了，我才對同事說：「看來妳對孩子的要求挺嚴格的，幾粒飯都要讓他撿起來吃掉。」

同事笑了笑說：「這孩子從小吃飯就是個『漏嘴巴』，每次都弄得一桌子飯粒。我說過好幾次都沒用，後來乾脆定下一條規矩，如果桌上有飯粒就不給添下一碗飯。所以我剛才一指，他就知道是什麼意思了。」

我對這種做法也很贊同，但還是忍不住說：「桌子不乾淨，為了健康著想，幾粒飯就算了。」

同事聽我這麼說大大地搖起了頭，說：「這可不是幾粒米的事，想想看，這一粒米怎麼才能到了這裡？一粒小小的種子，被農民種在稻田中，經過陽光的沐浴，雨露的滋潤，再發芽、抽穗，長成了以後還要農民辛辛苦苦地收割、去了外殼，再從鄉下運進城裡。這是多麼不容易的事啊，有多少人為了這一粒米勞心勞力，我們應該感謝他們，怎麼能就這樣浪費了呢？」

這番話真說得我有些慚愧，我雖然沒有刻意浪費什麼，但卻也不曾注意過一粒粒米。我忽然想起來小的時候也曾像同事的孩子一樣在桌上掉下過飯粒，有時也會剩下幾口飯就不吃了。每當那個時候，我的媽媽也會面顯不悅之色，總是會對我說：「妳知不知道這一粒米是農民伯伯辛苦了多久才種出來的？妳不知道感謝他們，還浪費掉。這輩子妳浪費幾口糧食，下輩子妳就會因為這幾口糧食餓死！」

雖然我並不知道下輩子會不會真的因為這幾口糧食餓死，但媽媽的意思我卻明白，是告訴我要珍惜東西，要惜福。這和同事剛才的話很相似，遺憾的是當我長大後，竟然漸漸地忘了這回事。

從同事家告辭後，一路上我都在想著那幾粒米的事情。此後，當我再吃飯的時候，特別留心看著碗中的一粒粒米，用筷子夾起一粒米，發現這原來根本沒有在意過的小東西，竟然是如此神奇。

想想看，當一粒米還是小小的種子時，弱不禁風地獨自躺在一望無際的稻田中，靜靜地沐浴著陽光，讓人們為自己施肥、澆水、除蟲，再努力地長大，成為飽滿的稻米。

而這一粒粒稻米再經過數道工序來到我們身邊，被蒸著的香噴噴地端上桌。當夾起一粒入口，滿頰生香。此時，你的眼前會不會出現一片金黃色的稻田，會不會感覺沐浴在陽光之中？

佛家也有很多關於一粒米的故事，記得禪宗大德溈山靈佑曾經看見他的弟子石霜在篩米，不小心掉了幾粒米在地上。

靈佑看見了，便說：「這是施主的東西，不要拋散了。」石霜回答說：「我並沒有拋散了。」

靈佑在地上撿起一粒米，說：「你說沒有拋散，那這個是什麼？」石霜無言以對。

靈佑又說：「你不要小看了這一粒米，百千粒米都是從這一粒生出來的。」

是的，這一粒米若存於泥土中，便是生命的種子，千代萬代，生生不息，都是靠這小小的、不起眼的一粒；若安於農家，便是安身立命的生計，一家大小的衣食，都要靠它維持；若置於我們，便是果腹之食，是一切之本，無論如何也離不開的。

倘若不懂得珍惜，不懂得感謝陽光、雨露和農民的辛勞，如何能從一粒米中看到一片稻田？如何能感受生活的美好？如何能品味身邊的點滴幸福？

這正如佛家所言：「施主一粒米，大如須彌山。今生不了道，披毛帶角還。」

記得溈山靈佑的另一弟子仰山曾經問他：「師父，您百年後，如果有人問我關於您的道法，我要怎麼說呢？」

靈佑淡然地說：「一粥一飯。」

這世間的道法被靈佑說得如一粥一飯般平常，但仔細品來，這平常當真是不平常的。就像我們害怕孤獨，總是追求充實、熱鬧，到處搞氣氛，但這樣一來，除了更加孤獨外，往往什麼也得不到。

這就因為恬靜、美好、充實的生活，不在天涯海角，只在這一缽飯、一粒米當中。若你能懂得感謝一粒米中孕育的陽光、雨露、人情，那麼即便是一個人生活也會愜意無比；若你享受著一切卻不懂感激，那麼縱然草木有情，也無法入你心間。

珍惜幸福

☆知足常樂。

知足常樂不等於沒追求，而是要讓自己多去體會已得到的，而不是嘆息未得到的。如果永遠不懂得知足，即使擁有再多的東西也會覺得一無所有，即使擁有再多的朋友也會覺得孤苦無依。

☆享受眼前事。

著名教育學家夏丏尊先生去拜訪弘一大師，到那裡的時候，弘一大師正在吃飯。夏丏尊發現桌上只有一道鹹菜，再無其他，他覺得這也太落魄了，就問弘一大師：「這鹹菜不會太鹹嗎？」

弘一大師呵呵地笑了笑說：「鹹有鹹的味道。」吃完飯以後，弘一大師倒了一杯白開水喝。夏丏尊看見又問：「沒有茶葉嗎？怎麼只喝這麼平淡的白開水呢？」

弘一大師又笑了笑說：「白開水雖然淡，可是淡有淡的味道。」

學會享受眼前事是一種福氣，倘若修得這個本領，便不會覺得孤寂、痛苦。

32 怨恨是孤獨中的陰霾

一個晚上，我獨自在家，習慣性地打開電腦，在網上隨意流覽網頁。忽然間，一則新聞吸引了我的目光。

這則新聞上說，有一個女人被關在一間小屋裡將近十年，從來沒有出過房門，只是每天站在窗前向外看，就連吃飯都是別人將食物送到門口。

為什麼這個女人會被關在小屋裡從不出門？難道是有人虐待她、囚禁她嗎？為什麼她不想辦法求救呢？經過記者的瞭解，發現這個女人並不是被人關起來的，而是自己自願的。

原來，這個女人曾經有一個幸福的家庭，丈夫對她非常好。可是生活了幾年後，丈夫有了第三者，想要跟她離婚。她當然不肯離，於是丈夫就悄悄地轉移了夫妻共同財產，然後拿著錢和第三者跑了。

這個女人又傷心又憤怒，請了很多人打聽丈夫的下落。當她聽說丈夫在某個地方安家了以後，便連夜趕了過去，她沒有跑上門去哭鬧，而是想了一個更好的報復方法：在他家旁邊租了一間屋子住了下來，並且讓他知道自己就住在那裡。

這個女人並沒有採取任何行動，只是安靜地在屋裡待著，哪兒都不去。這個辦法還真起到了效果，當男人聽說妻子就住在旁邊時，心都七上八下，他不知道妻子此舉的用意何在，也不知道她何時會有什麼樣的報復行為。

過了幾個月後，男人受不了了，便帶著第三者舉家搬走。而這個女人又跟了過去，在離他家不遠的地方住下，仍然沒有任何舉動。

幾次搬家以後，男人再也受不了了，主動去向妻子道歉，一把鼻涕一把淚地懺悔，乞求她的原諒，希望她能高抬貴手，給他一條活路。

看著男人恐懼的眼淚，女人的心裡得到了一絲報復的快感，但她仍不滿足，還是對他痛恨無比。她沒有撤出男人的視線範圍，仍然沉默地對抗著。

時光就在女人的怨恨中流逝了，一轉眼幾年過去了。在這幾年中，女人的心理悄悄地發生著變化。一開始，她出於報復不願意出門，只是死盯著男人，但隨著時間的推移，她脫離正常生活太久了，和誰也不來往，最後變得不敢出門，更不敢與人接觸。

女人的家人很傷心，都勸她走出那間緊緊關閉的小屋，可是女人已經患上了嚴重的自閉症，根本就走不出去，只能依靠家人每天送來食物過活。

看了這則新聞，我不禁嘆了一口氣。這將近十年的歲月，是多麼的孤獨。若是她心中充滿平和也罷，日子也會過得安穩、淡然，可是她心中有的偏偏是怨恨，那這些年會是多麼的痛苦。

孤獨並不可怕，可怕的是用怨恨的心面對孤獨，那當真是生不如死，毫無快樂可言。這樣的人生怎麼能不讓人嘆息呢？

看了這則新聞，我不禁又想起曾經讀過的一個寓言故事：

有一個女人和河對岸住著的男人相戀了，他們月下明志，互托終身，發誓永不相負。他們如願以償地結了婚，過著幸福甜蜜的生活。可是三年以後，他們又離了婚，因為性格不合，總是吵架。

離婚前，女人哭著說不想離婚，可是男人說：「我們吵吵合合，妳不覺得累嗎？妳是個很好的女人，只是我們性格太合不來了。分開對彼此都好。」

在男人的堅持下，兩個人離了婚。女人很痛苦，覺得男人負了她，於是心生怨恨。過了一年以後，男人又找了一個心愛的人，準備結婚了。

得知這個消息後，女人更加痛恨他，為了對男人進行報復，她決定用一種很極端的方式──在他結婚那天自殺。

當男人迎娶美嬌娘時，女人孤獨地在家裡自殺了。她死後，靈魂來到上帝面前。

上帝對她說：「由於妳上輩子做了不少好事，下輩子還可以投胎做人，這是難得的福氣啊。」

可是女人瞭望人間的景象，她看到那個男人並沒有因為她的死去而悲傷，依然和那個女人卿卿我我。女人更加怨恨了，她對上帝說：「不，我不要投胎做人！」

「那妳想做什麼呢？」上帝好奇地問。

「我要在那個男人門前的河裡做一棵水草！」女人斬釘截鐵地說。

誰也不明白她為什麼要做一棵水草，但上帝拗不過她，只得一揮手，讓她轉世為一棵水草。

就這樣，變成水草的女人孤零零的生長在男人門前的河裡，每天看著他與妻子出雙入對，恨得咬牙切齒。

有一天，男人的妻子想吃魚，便撒嬌地叫男人去河裡抓魚。男人一口應允，於是便去河裡為愛妻抓魚。

化作水草的女人終於等來了這一刻，她用長長的身體緊緊地纏住男人，拚命的把他拉向水底。男人奮力掙扎，可是怎麼也擺脫不了纏在腿上的水草，便一點點地沉了下去。

「我恨不得你死！」女人在心底咬牙切齒地說，但就在男人瀕臨死亡的那一刻，女人感應到了他心裡的話，他在心裡想：「我馬上就要死了，不能再活著照顧愛妻了。

不過我死了以後說不定可以見到已經死去的前妻，能去陪伴她也是好的，也不知道她還恨不恨我。」

化作水草的女人心中一酸，她放開了男人，並把他向水面上托去。男人頃刻間從死亡邊上轉了一圈。

看著男人與妻子相擁而泣，化作水草的女人突然不再恨他了，她意識到男人並沒有對不起她，只是她自己被恨的怨念纏住了。想到此，她非但再也沒有了怨恨，反而對男人心生感激，感謝他曾經愛著她、到死的時候還念著她。

當女人不再怨恨時，她的心變得平靜，每天恬靜地住在水底，欣賞著岸上的風光，再也不感到痛苦了。水草的生命也是有限的，當水草死去後，她再一次來到了天堂。

「這次妳想投胎到哪裡呢？」上帝問女人。

女人想了想說：「那就讓我變成您的使者去人間吧，我希望讓所有的人消除怨恨，不再痛苦。」

於是女人成為了一位修女，她周遊世界，去幫助開解那些像前世的她那樣心存怨恨的人。

這則寓言和那個新聞有一些相似之處，那就是主角都曾經心懷怨恨，以至於痛苦不堪。但不同的是，寓言中的女人經過生死的輪迴，放下了怨恨，學會了感激。儘管她仍是一株水草，在消除怨念後，也能夠悠然地欣賞岸上的美景。而新聞中的女人，則不知道何時才能除去心魔。

也許我們之中的大多數女人不會像新聞中的女人一樣偏激，讓自己那樣狼狽，可是有時難免會有一些恨意萌生。這使我們感到人生是痛苦的，總想著別人如何對不起自己，鑽牛角尖，只看得見悲苦，看不見幸福。

如果說痛苦的起源是因為別人造成的，而維持痛苦的狀態則是自己造成的。若是我們能像寓言中變成水草的女人那樣，多去感激別人對我們的好，不去怨恨，那生活該是多麼美好，即使孤獨也不可怕了。

我想新聞中的那個女人如果讀過這則寓言，或許就不會把自己折磨成如此模樣。

我深信，孤獨是美好的、充滿陽光的，但即使在陽光普照的大地上，也總會有一些地方是照不到的。這時就需要感恩登場了，它可以溫暖那些陽光照不到的角落，驅散角落中的黑暗，讓孤獨的旅程只留下溫馨與美妙。

學著擁有一顆感恩的心吧，即使受到傷害，也不要怨恨，因為怨恨會加重心頭的烏雲，會使孤獨變得如同地獄。聰明的你，一定會做出明智的選擇！

消除怨恨

☆以愛消除怨恨。

在「二戰」期間，兩名戰士與自己的部隊失去了聯繫，他們在森林中迷失了方向，艱難地跋涉著，尋找部隊。

一連十幾天過去了，他們仍未能與部隊聯繫上，所幸他們獵到了一隻鹿，依靠鹿肉才得以生存下來。

可是這一隻鹿的肉是有限的，眼看著肉越來越少，只剩下一點點了，支持不了多久。兩名戰士希望能獵到其他的動物，可是由於戰火紛擾，林中的動物四散奔逃，他們再也沒有見過任何動物。

這一天，他們在森林中遭遇了敵軍，一場激戰過後，他們巧妙地避開了敵人。就在他們以為已經安全時，突然間一聲槍響，走在前面的戰士受了傷，肩膀被子彈打中，鮮血直流。後面的戰士趕緊跑過來，一邊淚流不止，一邊扯下自己的衣服給戰友包紮了傷口。

那個受傷的戰士虛弱地笑笑說：「沒想到這些敵軍還跟著咱們。」而那個未受傷的戰士一邊背起戰友，一邊念叨他遠在家鄉的母親。

所幸的是，他們在第二天找到了部隊，兩個人都活了下來，並成為了最好的朋友。

三十年過去了，那個曾經受傷的戰士說：「我知道那不是敵軍開的槍，當戰友抱起我時，我感覺到了他的槍管是熱的。我知道，他是為了得到那一點鹿肉，好讓他能活下去，回家見他的母親。我當時就原諒了他，因為他完全可以打中我的心臟，但在開槍的一瞬間，他還是不忍心，所以才打偏了。我從來也不提這件事，後來他幾次要向我懺悔，我都攔住了他的話。正因為這樣，我們做了三十年的好朋友。」

如果那個曾經受傷的戰士沒有這麼寬容，而是怨恨他的戰友，那麼他能得到什麼呢？除了讓自己痛苦之外，什麼也沒有。而他聰明的選擇了沉默，於是他贏得了一份寶貴的友情。

要記住，以恨對恨，恨永遠消除不了，只有愛才能消除怨恨！

☆把握好現在。

當你還在怨恨一個人時，可曾想過這些怨恨的時間都被自己浪費掉了？你完全可以用它來充電學習、看一部電影、陪一陪家人或是談一場戀愛。

不要去想讓你怨恨的人和事，因為你有更多重要的、精彩的事情要做。把握好現在的每一刻，積極地生活，感受身邊那些美好的事物。

當你認真地對待現在時，便會發現根本沒有時間去怨恨，那些只不過是一堆垃圾，要它何用？

國家圖書館出版品預行編目資料

孤獨也是一種生活/李素文著.--初版.-- 臺北市:種籽文化, 2016.12
面； 公分

ISBN 978-986-92690-7-0(平裝)

1.孤獨感 2.生活指導

176.52 105022137

Concept 104

孤獨也是一種生活

作者 / 李素文
發行人 / 鍾文宏
編輯 / 編輯部
美編 / 文荳設計
行政 / 陳金枝

出版者 / 種籽文化事業有限公司
出版登記 / 行政院新聞局局版北市業字第1449號
發行部 / 台北市虎林街46巷35號1樓
電話 / 02-27685812-3傳真 / 02-27685811
e-mail / seed3@ms47.hinet.net

印刷 / 久裕印刷事業股份有限公司
製版 / 全印排版科技股份有限公司
總經銷 / 知遠文化事業有限公司
住址 / 新北市深坑區北深路3段155巷25號5樓
電話 / 02-26648800 傳真 / 02-26640490
網址：http://www.booknews.com.tw(博訊書網)

出版日期 / 2016年12月 初版一刷
郵政劃撥 / 19221780戶名：種籽文化事業有限公司
◎劃撥金額900(含)元以上者，郵資免費。
◎劃撥金額900元以下者，若訂購一本請外加郵資60元；
劃撥二本以上，請外加80元

定價：250元

喬木書房

喬木書房